hänssler

Regina Höppner/
Utina Hübner/
Ute Mayer (Hrsg.):

NUR FÜR MÄDCHEN!

ALLES, WAS DU WISSEN WILLST ...

Die Herausgeberinnen

Regina Höppner, Jg. 55, gelernte Arzthelferin, Ehefrau, »Familienfrau« und Mutter von vier Kindern.

Utina Hübner, Jg. 58, therapeutische Seelsorgerin und Psychotherapeutin, bekannt durch zahlreiche Vorträge und Veröffentlichungen zum Thema »Ehe und Familie«, Ehefrau, begeisterte Mutter von fünf Kindern.

Ute Mayer, Jg. 66, Germanistikstudium mit Magisterabschluss, Lektorin und Herausgeberin zahlreicher Bücher, verheiratet, zwei Kinder.

Hänssler-Paperback
Bestell-Nr. 393.328
ISBN 3-7751-3328-3

2. Auflage 2000

Titelbild: Ifa Bilderteam, München
Umschlaggestaltung: Christine Paxmann
Satz und Gestaltung: Vaihinger Satz + Druck
Druck und Bindung: Ebner Ulm
Printed in Germany

Inhalt

WAS IST NUR WIEDER LOS MIT MIR?

Hi, ich bin Babs!

Keine Angst, ich langweile dich jetzt nicht mit meiner Story. Du weißt schon: ich wohne in ... meine Hobbys sind ... bla bla bla ...
Eigentlich habe ich ein total normales Teenagerleben, aber andererseits ist es manchmal so chaotisch, dass ich fast die Krise bekomme.
Na ja, du kennst das ja:
Ich gehe zur Schule und quäle mich mit den Lehrern ab. That's life! Aber zum Glück gibt's da ja auch noch meine Freundinnen. Mit denen kann ich voll rumalbern und richtig kindisch sein. Aber wir reden auch, wenn's uns echt schlecht geht und ich z. B. mal wieder Stress mit meinen Eltern habe. So etwas soll's ja geben ...
Auch mit den Leuten aus meinem Teenagerkreis verstehe ich mich total gut. Erst gestern hatten wir eine spitzenmäßige Andacht und danach gab's eine Pizzaschlacht. Wenn ich den Teenagerkreis nicht hätte, hätte ich bestimmt öfter meinen Durchhänger.
Aber mein bester Freund ist immer noch Jesus., weil der mich am besten versteht.
Also das reicht für's Erste, du wirst ja demnächst noch mehr von mir hören.

Ciao, Babs

Liebes Tagebuch!

Ganz neu und unbeschrieben liegst du vor mir. Es ist schön, dass es dich gibt.
Weißt du, ich werde dich ganz sicher nicht jeden Tag hervorholen – auch wenn du *Tagebuch* heißt. Bei deinen Vorgängern habe ich das immer wieder versucht, aber es hat nie so recht geklappt. Doch bei dir kann ich mir alles vom Herzen schreiben – und das finde ich toll.
Oft wird daraus dann auch ein Gebet zu Gott. Was ich einmal aufgeschrieben habe, kann ich dann auch viel leichter Gott anvertrauen und 'loslassen'.
Du sollst aber nicht nur meine Sorgen und Probleme erfahren. Ich will dir auch von meinen schönen Erlebnissen berichten. Bist du auch schon gespannt, was du alles erfahren wirst?
Ich finde es auch prima, dass ich bei dir meine Erfahrungen festhalten und später nachlesen kann.
Also, liebes Tagebuch, dann bis zum nächsten Mal. Du sollst aber noch wissen, dass du mir sehr wichtig bist – auch wenn ich dich nicht täglich hervorhole!
Nun werde ich dich gut abschließen und verstecken, denn, was ich in dich hineinschreibe, geht nur uns beide und Gott etwas an.

Bis bald, deine Babs

Das neue Jahr

Du wirst in diesem Jahr so viel Freude erleben,
wie du ertragen kannst,
und gerade so viel Belastungen zu tragen haben,
wie du nötig hast.

Es wird dir nicht mangeln an dem,
was in diesem Jahr für dein Leben wirklich gut ist.

Unter der Führung deines Herrn kann dir niemand
und nichts schaden.
Niemand und nichts kann dich in diesem Jahr
scheiden von der Liebe Gottes.
Gott hat die Menschen ausgesucht,
die in diesem Jahr eine Aufgabe an dir haben.

Dieses Jahr ist eine Aufgabe für dich.
Geh aufmerksam durch die Tage.
Wer wird heute auf dich warten?
Gott erwartet nicht, dass du
außergewöhnliche Dinge tust,
sondern dass du das Gewöhnliche
außergewöhnlich tust.

Gott schenkt dir dieses Jahr, dass es durch dich
anderen leichter werde, zu ihm zu kommen
und bei ihm zu bleiben.

Judith, 17

Was bin ich schon wert?

Geht dir die Frage auch manchmal im Kopf rum? Besonders dann, wenn du ein anderes Mädchen gesehen hast oder kennst, das ganz toll aussieht oder ganz viel kann oder ganz viele Freundinnen hat?

Meistens beurteilen wir uns von den anderen her, vom Vergleich mit anderen. Wir sehen an uns die schlechten Seiten und an den anderen die guten oder besseren Seiten. Und dann meinen wir, dass wir im Vergleich zu den anderen ja nicht viel wert sein können.

»Die hat so eine gute Figur, die ist in Deutsch super, die hat nettere Eltern, und die hat schon einen Freund. Also sind die anderen begehrenswerter oder liebenswürdiger als ich und darum wertvollere Menschen.« So denken wir doch oft, oder?

Wenn wir uns vergleichen, wenn wir nur auf das hören, was andere sagen oder denken, dann siehst du dich nur noch mit den Augen anderer – wie das Mädchen in der Karikatur.

Tipp

Oft verhalten wir uns so, aber wir merken genau, dass uns das gar nicht weiterhilft und uns auch nicht gut tut. Im Gegenteil: wir spüren, dass dieses negative Denken über uns selbst uns nach unten zieht – wie ein Strudel, der uns immer mehr gefangen nimmt, je tiefer wir unten sind, desto schwerer kommen wir wieder raus.

Du findest dich unmöglich,

- du gefällst dir nicht,
- du magst dich nicht,
- du denkst, du bist nichts wert,
- du denkst, andere wollen dich nicht .
- Deine Gefühle machen ein Häufchen Elend aus dir.

Aber mit dieser Erkenntnis ist die Anfangsfrage noch nicht beantwortet.
»Was bin ich denn wert?«
Darauf gibt es viele Antworten. Vier davon möchte ich dir hier geben (die ich übrigens auch für mich und mein Leben entdeckt habe):

Wertvoll durch Gottes Liebe

Dein Wert hängt nicht von deiner Beurteilung ab und auch nicht von der Beurteilung durch andere Menschen.
Dein Wert hängt von deinem Schöpfer, von Gott, ab. Der, der dich geschaffen hat und der dich unendlich liebt, gibt dir auch Wert.
Weil er dich liebt, darum bist du wertvoll! Auch ohne dass du irgendetwas dazu tun kannst, bist du in seinen Augen wertvoll und liebenswürdig. Er gab dir dein Leben und das nicht ohne Grund.
Er möchte, dass du in Beziehung zu ihm kommst und dein Leben immer wieder neu im Gespräch mit ihm gestaltest.
So kannst du aus seinen Händen empfangen, was du brauchst: Liebe, Würde, Wert, Geborgenheit, Sicherheit und Angenommensein.

Entdecke deine Fähigkeiten

Gott hat dir auch Fähigkeiten gegeben, kein Mensch geht bei Gott leer aus. Manchmal brauchen wir ein bisschen Zeit, um zu entdecken, welches denn die ganz speziellen Fähigkeiten sind, die Gott uns gegeben hat. In Gottes Augen ist jede Fähigkeit wichtig und notwendig.
Es kann sein, dass du vielleicht nicht gerade sportlich bist, aber dafür kannst du gut zuhören.
Mag sein, dass du dich nicht so schön findest, wie andere Menschen, aber dafür kannst du dich vielleicht gut in andere Menschen hineindenken.
Vielleicht bist du auch ein Mensch, der gerne anderen hilft oder der einen Raum schön herrichten kann und so zu einer guten Atmosphäre beitragen kann.

TIPP

Frag doch einmal deine Freundin (oder jemand anderen, dem du vertraust), wo sie deine Fähigkeiten sehen und was sie an Schönem und Liebenswürdigem schon an dir entdeckt haben.

Hör auf, dich zu vergleichen

Du darfst deine eigenen Fähigkeiten annehmen und brauchst dich nicht dauernd mit anderen zu vergleichen. Vergleichen kann zu Neid und Bitterkeit führen. Ganz schnell vergessen wir dabei auch, was wir schon Gutes und Wertvolles in unserem eigenen Leben bekommen haben. Das Vergleichen nimmt uns viel Kraft und hilft uns nicht weiter. Darum ist es besser, für die eigenen Gaben zu danken.

Probier's mal mit … Dankbarkeit

Dankbarkeit ist wie eine sprudelnde Quelle im Leben.
Überlege doch einmal, wofür du danken kannst, z.B.

- Eltern und die Geschwister
- Essen und Trinken
- für ein Dach über dem Kopf und Klamotten zum Anziehen
- Freunde
- Hobbys
- Fähigkeiten, die Gott dir geschenkt hat
- der Wert, den Gott dir gibt
- seine Liebe zu dir

Also gut, dann fang ich doch gleich damit an:

1. Was kann ich besonders gut?

-malen, ordnen, lustigsein

-schwimmen, tanzen,
sport
-Akkordeon
-schminken

In der Achterbahn der Gefühle

Heute ging bei mir mal wieder alles schief. Eigentlich hätte ich ja allen Grund zufrieden zu sein, aber irgendetwas stimmte nicht.

Ich war sauer auf mich selbst, sauer auf meine Freundin, sauer auf meinen Vater und die Lehrer.

»Die haben alle was gegen mich«, sagte ich mir und zog mich verärgert zurück. Ich suchte einen Schuldigen und versuchte nachzudenken.

Zuerst hatte mein Lehrer die Mathearbeit zurück gegeben und ich hatte von fünf Aufgaben nur eine gelöst.

Dann wollte ich eigentlich mit meiner Freundin zum Schwimmen gehen, aber die sagte plötzlich ab und ließ mich im Regen stehen. »Ne, du, heute nicht. Hab keine Lust.« Und der Höhepunkt war dann Vaters Autounfall. Der war zwar nicht so schlimm, aber das Auto war Schrott und deshalb wird der Dänemarkurlaub ins Wasser fallen.

Das war beinahe mehr, als ich verkraften konnte ...

Kennst du auch solche Situationen? Situationen, die einfach völlig anders laufen, als du es gerne hättest? Du fühlst dich hilflos und missverstanden, kannst dich selbst nicht ausstehen und weißt doch nicht, wie du dieses Gefühl ändern kannst. Es ist einfach da.

Manchmal schwankt unser Gefühl auch ohne ersichtlichen Grund. Gestern sah die Welt noch so positiv aus und heute ist es, als wäre ein dicker Vorhang über die Seele gezogen. Und so sehr du dich auch bemühst, du kannst diesen Vorhang nicht beiseite schieben. Er bleibt einfach da.

Die Fabrik der Gefühle

Alle Gefühle wie Glück, Ärger, Traurigkeit usw. werden in dem so genannten limbischen System gebildet, das sich im Großhirn befindet. Das ist die Zentrale, von der aus unsere Gefühle gesteuert werden.

Hast du schon einmal in das Innere eines Fernsehgerätes hineingeschaut? Dann warst du sicherlich überrascht über die dichte Verkabelung des Apparates. Der menschliche Körper ist noch viel komplizierter! Da sind z.B. die Hormone. Es gibt viele verschiedene Arten; die weiblichen Hormone, Östrogen und Progesteron, werden in den Eierstöcken hergestellt. Wenn die Pubertät beginnt, wird dort Monat für Monat ein Ei abgestoßen, das darauf wartet, von einer männlichen Samenzelle befruchtet zu werden. Kommt diese Befruchtung nicht zustande, platzt das Ei und wird bei der Menstruation ausgestoßen. Um diesen Vorgang zu ermöglichen, wird im 1. Teil des Zyklus Östrogen, im 2. Teil Progesteron gebildet. Der Körper braucht eine gewisse Zeit, um sich an diesen Wechsel zu gewöhnen. Wer diesen Zusammenhang kennt, wird gelassener solche Gefühlsschwankungen beobachten, ohne sich total davon verrückt machen zu lassen.

Ist es in der Natur nicht überall ähnlich? Da gibt es Ebbe und Flut, Tag und Nacht, Sommer und Winter, Sonne und Regen ...

Warum also nicht auch gute und schlechte (Stimmungs)tage?

Ein Lied Davids

Herr, du durchschaust mich,
Du kennst mich durch und durch.
Ob ich sitze oder stehe – du weißt es,
Aus der Ferne erkennst du, was ich denke.
Ob ich gehe oder liege – du siehst mich,
Mein ganzes Leben ist dir vertraut.
Schon bevor ich rede, weißt du, was ich sagen will.
Von allen Seiten umgibst du mich
Und hältst deine schützende Hand über mir.
Dass du mich so genau kennst – unbegreiflich ist das,
Zu hoch, ein unergründliches Geheimnis!
(Psalm 139,1–6)

TIPP

Beobachte doch jetzt einmal deinen Körper etwas genauer. Notiere dir, wann du deine letzte Regel hattest und wie lange sie dauerte. Meist ist deine Stimmung ein paar Tage zuvor im Keller. Super! Das ist die Lösung! Jetzt kannst du dich besser darauf einstellen. Gönne dir etwas Schönes, nutze die Zeit, indem du dich zurückziehst, um mal wieder in dein Tagebuch zu schreiben oder zu lesen oder ... Und denke daran, dass gerade in solchen Zeiten Gott dir ganz besonders nahe sein will. Du kannst sicher sein: das nächste Hoch kommt gewiss!

Manchmal träume ich davon, ein anderer Mensch zu sein, in einem anderen Land, mit anderen Eltern, anderer Sprache. Nur ein Traum!
Ich kann meiner Realität nicht entfliehen, jeden Tag holt sie mich wieder neu ein, erschreckend nüchtern.
Ich erwache aus meinen Tagträumen, mitten im Alltagstrott und bin – immer noch – dieselbe.
Kenne ich mich wirklich?
Es ist anstrengend, Masken zu tragen, sie lasten schwer auf mir, sie engen mich ein, nehmen mir die Luft zum Atmen.

Die Maske

Ich trage eine Maske,
mit der bin ich fröhlich, unkompliziert, lustig.
In Wirklichkeit, unter der Maske,
bin ich leer, allein, verletzt.
Niemand versteht mich.
Niemand kennt mich wirklich,
niemand interessiert sich für
mein wahres Gesicht.
Ich sitze allein in meiner dunklen Stille, weinend
und warte auf jemanden,
der unter meine Maske sehen will.
Ich höre viele Stimmen,
die mir zurufen.
Aber sie rufen nicht mich,
sie rufen meine Maske.
Aber da ist jemand ...
Da ist jemand, der unter meine Maske sehen will!
Der mich versteht!
Der mir hilft!
Der mich liebt!
Der Interesse an mir hat!
Und er ist der mächtigste König überhaupt!
Und plötzlich weiß ich:
Ich bin nicht verloren.
Dieser »Jemand« ist immer bei mir.
Vor ihm brauche ich keine Maske.
Denn er kennt mein wahres Gesicht.

Sabrina, 14

Mädchen anderswo

Wie Mädchen hier oder in Europa ihren Alltag verbringen, weißt du ja aus eigener Erfahrung.
Ganz anders leben Mädchen z.B. in Afrika.
Vielleicht unterscheiden sich ihre Wünsche und Träume aber nicht einmal so sehr von deinen.
Mal sehen, was Béatrice uns zu erzählen hat:

Béatrice, du bist in einem afrikanischen Dorf geboren, hast vier Brüder und fünf Schwestern. Dein vollständiger Name ist Kouadio Amuin Béatrice. Kouadio als Familienname, weil dein Vater an einem Dienstag geboren ist, Amuin, weil du an einem Sonntag geboren bist und Béatrice ist dein französischer Name.
Du bist also ein typisch afrikanisches Mädchen, oder?

Ich bin ein afrikanisches Mädchen – aber ob es ein 'typisch afrikanisches Mädchen' überhaupt gibt, weiß ich nicht. Mein Land, Côte d'Ivoire (Elfenbeinküste), liegt in Westafrika. Allein in meinem Land gibt es über 70 Volksgruppen und ebenso viele Sprachen. Ich gehöre zur größten Volksgruppe meines Landes, den Baoulé (etwa 23 % der Bevölkerung). Jede unserer Volksgruppen hat verschiedene Sitten und Gebräuche, und jede Volksgruppe ist wiederum in Sippen aufgeteilt. Unter den Baoulé gibt es ca. 20 Sippen und die unterscheiden sich auch zum Teil in Sitten und Gebräuchen.

Erzähl uns doch einfach ein bisschen von dir, von deiner Volksgruppe, von eurem Leben. Wir möchten gerne einen Blick über den Gartenzaun nach Afrika werfen.
Wie wächst z. B. ein Baoulé-Mädchen in einem Baoulé-Dorf auf?

Ein Mädchen wächst an der Seite seiner Mutter auf und lernt von Kind auf alles, was es später als Frau können muss. Vor allem wird das Mädchen von seiner Mutter in die

Kochkünste der afrikanischen Küche eingeweiht – essen ist bei uns sehr wichtig, vor allem, weil wir hier immer mit unerwarteten Gästen rechnen müssen.
Ein Mädchen lernt bei uns, Hühner zu schlachten und zu rupfen oder Fische zu entschuppen und auszunehmen.
Dann helfen Mädchen ihren Müttern dabei, Haus und Hof zu fegen. Wenn es kein fließendes Wasser gibt, gehen die Mädchen zum Brunnen, um Wasser zu schöpfen. Auch Feldarbeit steht auf dem Tagesprogramm eines Mädchens. Gombo, Kochbananen und Auberginen pflanzen die Frauen an, Reis und Ingnam die Männer. Aber das Unkraut jäten die Frauen und Mädchen auf allen Feldern.

Gehen afrikanische Mädchen auch zur Schule?

In meinem Land und in unserer Region versuchen Eltern alles, damit ihre Kinder zur Schule gehen können. Schulbildung ist sehr wichtig. Allerdings müssen unsere Eltern Schulgeld, eine Schuluniform und Bücher selbst bezahlen. Wenn das Geld also nicht ausreicht, dann muss entweder ein Sohn zur Feldarbeit oder eine Tochter zur Hausarbeit zurückbleiben. Wenn ein Mädchen die Schule besucht, hängt es von den Eltern ab, ob es noch viel in der Küche mithelfen muss oder nicht. Oft helfen auch andere Mädchen der Mutter – z.B. eine Cousine oder eine jüngere Schwester der Mutter, die die Schule schon abgeschlossen oder nie eine besucht hat. Dann hat die Tochter Zeit zum Lernen und um Hausaufgaben zu machen.

Was machen Mädchen bei euch in ihrer Freizeit?

Wir treffen uns mit Freundinnen zum Plaudern – und Kichern! Gemeinsam besuchen wir wieder andere. Uns ist es wichtig, dass wir uns regelmäßig sehen – auch wenn es vielleicht nur kurz ist. Keiner von uns ist gerne allein. Wir möchten immer Bescheid wissen, was es Neues gibt.

Habt ihr auch Hobbys?

Hobbys? Nein, eigentlich nicht. Wenn jemand z. B. Lust hat, ein Musikinstrument zu spielen (Gitarre, Trompete oder Tamtam – afrikanische Trommel –), dann tut er oder sie es einfach. Sie lässt es sich von jemandem zeigen und übt so lange, bis sie es kann. Die Jungs spielen Fußball – abends nach der Schule auf der Straße oder auf dem Schulplatz.

Wovon träumen Mädchen in Afrika?

Eine Schülerin träumt von guten Noten, einem guten Schulabschluss und einer gut bezahlten Arbeit. Wer nicht zur Schule geht, träumt davon, einen kleinen Handel anfangen zu können oder eine Schneider- oder Frisörlehre zu machen, um später Geld verdienen und selbstständig sein zu können. Aber vor allem wünschen wir Mädchen uns einen guten Mann, mit dem wir Kinder haben und in einem eigenen Heim wohnen können.

Verliebt, verlobt, verheiratet – wie sieht das in Afrika aus?

Wenn sich zwei ineinander verlieben, wird das Mädchen seinen Eltern davon erzählen. Ihre Eltern erkundigen sich dann über die Familie des Jungen – falls sie sie noch nicht kennen. Der Junge spricht auch mit seinen Eltern. Diese suchen dann einen Mittelsmann, der zu den Eltern des Mädchens geht, Geschenke (Wein oder Geld) mitnimmt und die Eltern von den Vorzügen des Jungen zu überzeugen versucht. Meist muss der Vermittler mehrmals zu den Eltern des Mädchens gehen. Der Junge hilft seinen künftigen Schwiegereltern bei der Feldarbeit, um sie von sich zu überzeugen. Oft unterstützen ihn seine Freunde dabei oder er bezahlt Feldarbeiter. Dem Mädchen schenkt der Junge schöne Stoffe, damit sie sich Kleider nähen lassen kann. Wenn die Eltern vom Mut und der Entschlossenheit des jungen Mannes überzeugt sind, darf er ihnen eine Art Verlobungspreis geben, der von den Dorfältesten festgelegt wurde, und das Mädchen zu sich nach Hause nehmen. Spätestens ab dem dritten Kind muss der Mann den festgelegten Brautpreis bezahlen – bis dahin kann er dafür sparen. Leider hat ein Mädchen bei dieser traditionellen Eheschließung so gut wie keinen rechtlichen Schutz. Wenn der Mann nicht mit ihr zufrieden ist, kann er sich später von ihr trennen und sie zu ihren Eltern heimschicken. Die Kinder bleiben dann bei ihm, denn die Kinder gehören dem Vater. Alle Rücksicherung, die der Frau bleibt, ist der Brautpreis – weswegen die Eltern ihre Tochter auch wieder 'zurücknehmen' müssen.

Wie steht denn eure Regierung zu dieser traditionellen Vorgehensweise?

Unsere Regierung akzeptiert die traditionelle Eheschließung nicht mehr, sondern möchte, dass alle gesetzlich vor dem Standesamt heiraten. Die Ehe ist somit gesetzlich geschützt. Die Frau erhält dadurch viele Rechte, sie kann nicht mehr einfach nur verstoßen werden. Sie weiß, dass ihr Mann sich wirklich für sie entschieden hat, und sie hat Anrecht auf ein Erbe, falls ihr Mann frühzeitig sterben sollte. Ihr Mann darf keine Zweitfrau nehmen, denn gesetzlich ist nur die Einehe erlaubt.

In meiner Sippe konnte früher ein Junge das Mädchen, mit Einverständnis deren Eltern, auch gegen ihren Willen regelrecht verschleppen und eine Zwangsehe mit ihr eingehen. Er hielt sich dann so lange mit ihr versteckt, bis sie ein Kind von ihm erwartete. Dann fing er an, den Brautpreis zu bezahlen – und dem Mädchen blieb nichts anderes übrig, als die Situation zu akzeptieren.

Ich bin froh, dass sich heute vieles geändert hat. Ich möchte vor allem nach dem Willen Gottes leben, einen christlichen Mann heiraten, der mich liebt und achtet und dem ich ein Leben lang treu sein kann.

Wer bin ich eigentlich?

Ich war gerade aus Indien gekommen, wo meine Eltern als Missionare arbeiteten. Ich wäre viel lieber in Indien geblieben. Dort waren meine Eltern und meine Freunde, und in Deutschland kannte ich niemanden, nur meine Großeltern. Aber meine Eltern wollten, dass ich von jetzt an in Deutschland die Schule besuchen sollte. Mutter sagte, »damit du später den Anschluss nicht verlierst«.
Es fiel mir nicht leicht, mich in der neuen Schule einzuleben. Ich fühlte mich, als käme ich von einem fremden Stern. Alles war neu für mich.

Großvater hatte ein altes Fahrrad aus dem Schuppen geholt und war damit beschäftigt, es aufzupumpen. Ich hatte noch nie auf einem Fahrrad gesessen und hatte Angst; aber das wollte ich ihm nicht sagen.
»Es fährt ein Schulbus«, sagte ich.
»Warum willst du den Bus nehmen? Das Geld kannst du sparen«, beharrte Großvater und pumpte weiter.
»Ich bin noch nie auf einem Fahrrad gefahren«, gestand ich endlich.
Er sah mich überrascht an. »Das wirst du bald lernen.«
Schon am nächsten Morgen fuhr ich mit dem Fahrrad zur Schule und war froh, als ich sah, dass ich nicht die Einzige war. Da waren noch andere, die mit ihrem Rad gekommen waren.
Ich musste mich in der Klasse vorstellen und sagen, woher ich kam. Ich glaube, viele wussten nicht einmal, wo Indien war. Vielleicht dachten sie, Indien wäre in der Nähe von Afrika. Ich schämte mich.
»Wohnen die Menschen dort in Lehmhütten?«, fragte ein Mädchen und kicherte. Zuerst wusste ich nichts darauf zu antworten. Ich hatte plötzlich die großen Städte vor Augen mit den Palästen. Wie sollte ich es beschreiben? Und dann dachte ich an die Verschläge der Armen. Auch das konnte ich nicht beschreiben.
»Es ist anders«, sagte ich leise und merkte, wie mir die Tränen hochstiegen.
Als ich am Mittag wieder zu meinen Großeltern kam, sagte ich: »Ich will wieder zurück. Ich passe nicht zu ihnen. Sie sind so anders.«

»Du wirst bald neue Freundinnen finden«, tröstete mich mein Großvater; aber ich fand keine. Ich blieb immer allein. Hin und wieder gesellte sich ein Mädchen zu mir, aber ich war ganz offensichtlich nicht interessant genug. Dabei versuchte ich, mich genauso zu kleiden wie sie, um nicht aufzufallen. Doch wenn sie miteinander redeten, verstand ich nicht, wovon sie sprachen; denn dort, wo wir wohnten, gab es kein Fernsehen, daher kannte ich keine der Sendungen. Sie aber kannten alle Filmstars und Sänger, deren Namen ich noch nie gehört hatte.
Wenn ich mich zu einer Gruppe gesellte, hörte man auf zu sprechen. Ich spürte, ich gehörte nicht dazu. Ich gehörte nirgends dazu.

Ich verglich mich mit Anke. Anke war überall Mittelpunkt. Sie hatte immer die Bewunderer auf ihrer Seite. Nicht unbedingt wegen ihrer lila gefärbten Haare und ihrer zerrissenen Jeans, das hatten manche andere auch, aber es war etwas an ihr, was ich nicht hatte. Ihr Lachen und ihre Bewegungen waren genau so, wie man es von einem Fernsehstar kannte. Nicht nur das, sie hatte Geld. Ihr Vater war Bankdirektor und sparte nicht an großzügigen Geschenken. Sie hatte alles, was sich ein junger Mensch nur wünschen konnte.

Ich beneidete sie und wollte so sein wie sie. Aber zugleich wusste ich, dass ich das nie sein konnte, auch wenn ich mich noch so anstrengen würde. Und dann fragte ich mich: Wollte ich wirklich so sein? Manchmal wusste ich es selbst nicht.

Ich wünschte, ich hätte meinen kleinen Elefanten mitnehmen können, dann wäre ich nicht mehr so allein. Bestimmt war er inzwischen wieder gewachsen. Und plötzlich überfiel mich schreckliches Heimweh.
»Ich will wieder zurück nach Indien«, sagte ich noch einmal.
Großvater sah mich lange an, und ich merkte, dass er überlegte.
»Babs, du hast etwas, was andere Kinder nicht haben. Warum lädst du deine Schulkameraden nicht ein und erzählst ihnen von Indien?«
»Das interessiert doch keinen«, sagte ich und wünschte, ich wäre nie nach Deutschland gekommen.
»Es ist nicht entscheidend, was andere über uns sagen und ob sie uns toll finden oder nicht; wichtiger ist es, dass wir das sind, was wir sein sollen.«
»Und was soll ich sein?«, fragte ich halb trotzig.
»Du musst tief in dich hineinlauschen«, sagte er.
»Da ist nichts«, sagte ich.
»Nichts?«, fragte er und sah mich an.
»Ein Loch. Ein großes Loch«, sagte ich.
»Dann wird es Zeit, dass dieses Loch gefüllt wird.«
»Und womit?«
Anstatt zu antworten, nahm er mich mit in den Garten. Ich wusste, er war ein Blumenfan. Überall blühten Blumen in allen Farben.
»Siehst du die vielen verschiedenen Blumen?«, fragte er.
Natürlich sah ich sie; aber ich verstand nicht, was er damit sagen wollte.
Dann wies er auf den großen Apfelbaum hinter dem Haus.
»Bald wirst du davon essen. Und du wirst selbst merken, wie saftig und fest dieser Apfel ist. Er kennt seine Zeit. Er ist das, was er ist. Das ist sein Geheimnis. Wir können etwas aus der Natur lernen. Es ist nicht gut, wenn wir versuchen, wie ein anderer zu sein. Das wäre langweilig. Die Vielfalt ist es, die den Reichtum ausmacht. Stell dir vor, ich hätte in diesem Garten nur eine Sorte Blumen, kein Gras, keinen Baum.«
Ich schwieg.
»Gott hat uns alle unterschiedlich gemacht. Keiner ist wie der andere. Sogar unsere Fingerabdrücke sind anders. Wichtig ist nur, dass wir zu uns selbst finden und das werden, was wir sein sollen.«
Wir gingen schweigend nebeneinander her.

Am Abend dann überlegte ich. Vielleicht hatte mein Großvater Recht. Solange ich versuche, die Anerkennung anderer zu erhalten, bin ich bemüht, etwas zu sein, was ich im Grunde nicht bin, nur um die Zustimmung anderer zu erhalten und ihnen zu gefallen. Aber damit mache ich mich abhängig von anderen Menschen. Erst dann, wenn es mir nicht mehr wichtig ist, was andere über mich denken, bin ich frei.

Einige Tage später kam Anke zu mir. »Ich möchte einmal berühmt werden. Aber wenn ich ehrlich bin, kotzt mich das alles an. Ich beneide dich«, sagte sie. »Du bist so anders. Du hast etwas, was ich nicht habe.«
Da erzählte ich ihr von Indien. Ich erzählte von den Straßenkindern und der großen Armut, ich erzählte von meinen Eltern, die dort in einem Missionskrankenhaus arbeiteten. Sie hörte mir schweigend zu.
Endlich fragte sie: »Denkst du, ich dürfte euch mal besuchen?«
Ich blickte unsicher in ihr bemaltes Gesicht und versuchte, sie mir dort mitten in der Armut und dem menschlichen Elend vorzustellen.
»Wenn du willst«, sagte ich zögernd.
»Ich glaube, wenn all das hier wegfällt«, – damit zeigte sie auf ihre langen Ohrringe und zog an ihren violetten Haarsträhnen – »was übrig bleibt, bin ich selbst. Aber vielleicht habe ich Angst davor, mich selbst zu sehen wie ich bin. Kann es sein, dass wir uns selbst nicht sehen wollen?«
»Vielleicht dauert es lange, bis wir den Mut aufbringen, wir selbst zu werden«, sagte ich.
»Es wäre leichter, wenn ich selbst wüsste, wer ich sein soll«, überlegte sie.
»Du musst tief in dich hineinlauschen«, antwortete ich und dachte daran, was Großvater mir gesagt hatte.

Diesen Brief fand ich gestern Abend auf meinem Kopfkissen – von Mam. Und ich dachte schon, sie hätte mich ganz aufgegeben!

Liebe Babs!

Nun kenne ich dich schon fast 15 Jahre. Doch ehrlich gesagt: Kenne ich dich wirklich? Wer kann schon von sich behaupten, dass er sein eigenes Wesen durchschaut?
Sicher bist du über dich selbst erstaunt, wie du in manchen Situationen reagiert hast. Wie z. B. in der letzen Mathearbeit. Schon Tage vorher stand dieser Termin wie ein riesiger Berg vor dir. Trotz einiger Unsicherheit warst du dann erstaunlicherweise ganz ruhig – und konntest einen Großteil der Aufgaben doch lösen.
Ein anderes Mal erschrickst du über dich selbst, bist vielleicht auch ein wenig enttäuscht von dir, weil dein Temperament mit dir durchgegangen ist.
In den Jahren unseres Kennenlernens ist mir bewusst geworden, wie sehr ich dich liebe und achte – mit deinen Stärken und trotz deiner Schwächen.
Du bist ein Original! Also einzigartig – aber nicht perfekt. Kein Mensch ist das.
Wie du schon öfter gemerkt hast, mache auch ich immer wieder Fehler. Außerdem bist du nicht mein Eigentum, sondern mir von Gott geschenkt und anvertraut.
Ich darf dich ein Stück auf deinem Lebensweg begleiten. In dieser Zeit möchte ich dir als Freundin und Beraterin zur Seite stehen.
Wie du selbst an dir merkst, ist die Teenie-Zeit eine sehr bewegte bis turbulente Phase, in der Gefühle mit dir Achterbahn fahren, Zukunftsängste dir den Atem rauben.

Ein kleiner Tipp: Akzeptiere und benenne sie! Ich halte es für wichtig, Gefühle zu äußern und darüber zu reden.
Ich wünsche uns beiden, dass wir an einer guten Beziehung arbeiten, indem wir versuchen, den Problemen nicht aus dem Weg zu gehen, sondern sie gemeinsam anzugehen und zu lösen.

Deine Mutter

Also, ich finde, Väter sind eine ziemliche Herausforderung.
Mal komme ich mit Paps super klar, fühle mich akzeptiert und geliebt – und dann lässt er wieder wie aus heiterem Himmel einen Kracher los, dass ich glaube, eine Welt bricht zusammen.
Jetzt kenne ich ihn schon 15 Jahre und trotzdem weiß ich nicht, wie ich bei ihm dran bin.
Ich glaube, ich werde ihm mal wieder einen Brief schreiben müssen.

Hallo Paps!

Ich weiß gar nicht genau, wo ich anfangen soll. Vielleicht werde ich auch nie den Mut aufbringen, dir diesen Brief zu zeigen. Aber ich fühle mich so verletzt, denn ich habe zu lange vergeblich gewartet.

Vielleicht hast du es selbst gemerkt und hast deshalb versucht, dein schlechtes Gewissen mit Geschenken zu beruhigen. Aber das ist es nicht, wonach ich mich gesehnt habe. Ich habe mich nach DIR gesehnt! Nach deiner Nähe. Deinem Verstehen. Ich habe mich ständig danach gesehnt, dass du mich in die Arme nehmen würdest.

Können wir nicht einmal in Ruhe über eine Sache reden und auch unsere unterschiedlichen Meinungen nebeneinander stehen lassen?

Es ist, als lebten wir in zwei verschiedenen Welten – und das tut weh. Ich möchte dir nahe sein. Ich möchte, dass du mich verstehst. Ich möchte deine Liebe spüren. Ist das denn zu viel verlangt?

Du wirfst mir vor, dass ich dir gegenüber nicht dankbar genug bin. Vielleicht hast du Recht, es ist oft selbstverständlich für mich, dass du uns versorgst. Sorry!

So lange ich denken kann, habe ich mich nach dir gesehnt. Ich habe mich danach gesehnt, dass du ein freundliches Wort zu mir sagst, mich hörst, wenn ich dir etwas aus der Schule erzähle. Aber wenn ich etwas sagte, hatte ich das Gefühl, du warst mit deinen Gedanken schon ganz woanders. Also habe ich es schließlich aufgege-

TIPP

Vielleicht hast du eine gute Beziehung zu deinem Vater, dann freue dich darüber. Aber vielleicht kannst du auch die Briefschreiberin verstehen, weil du ganz ähnlich empfindest. Dann versuche doch einmal selbst, einen Brief an deinen Vater zu schreiben oder zeige ihm diesen Brief.
Es wäre gut, wenn ihr miteinander in Ruhe sprechen könntet. Solch ein Gespräch kann zu einer neuen Beziehung führen.

ben. Doch dann wirfst du mir vor, dass ich mich zurückziehe. Aber was erwartest du von mir? Wenn ich etwas sage, kritisierst du mich, putzt mich herunter, und wenn ich nichts sage, klagst du mich an. Ich bin immer die Verliererin.
Ich habe überlegt, wie ich mir meinen idealen Vater vorstelle. Ich suche einen Vater, der mich annimmt – ohne Bedingungen. Der da ist, wenn ich ihn brauche. Der nicht ständig an mir herumnörgelt; der meine Meinung stehen lässt – auch wenn sie nicht mit seiner übereinstimmt..
Der zuhört, wenn ich etwas erzähle und mich nicht ständig unterbricht. Der mich unterstützt und ermutigt. Ja, dass ich über alles mit ihm reden kann, ohne Angst haben zu müssen, dass er über mich herfällt und mich mit Vorwürfen einschüchtert.
Ich suche einen Vater, der mir vertraut und Verständnis hat, wenn ich mal Mist baue.
Ich möchte stolz sein auf meinen Vater, und ich möchte, dass auch du stolz auf mich bist. Ich möchte dir gefallen – so wie ich bin.
Ich habe viele Fragen, die ich tief in meinem Herzen verschließe. Und das tut so weh.
Ich möchte so gerne mein Leben mit dir teilen, und doch fühle ich mich von dir zurückgewiesen.
Paps, hilf mir doch, dass ich dich als meinen Vater achten und dir vertrauen kann.
Ich liebe dich, aber manchmal ist es schwer, weil diese Liebe zugeschüttet ist in vielen widersprüchlichen Gefühlen, mit denen ich nicht klar komme.

Meine Oma und ich

Ich stellte den Koffer aufs Bett, holte meinen CD-Player hervor und legte die Kopfhörer an. Dann streckte ich mich auf der Bettdecke aus und lauschte der Musik meines Lieblingsliedes. Wie oft hatte ich dieses Lied schon gehört.

»Ich werde immer bei dir sein, dich nie verlassen. Deine Tränen werden meine Tränen sein und dein Lachen sich mit dem meinen vereinen.«

Alles war so schnell gegangen. Es war nicht schwer gewesen, herauszufinden, dass zwischen Mutti und Vati nicht mehr alles stimmte. Ständig dieser Streit!

Doch als Mutti dann so ernst und mit rot verweinten Augen in mein Zimmer kam ....

»Du hast sicherlich gemerkt, dass dein Vater und ich uns nicht mehr verstehen. Wir wollen uns scheiden lassen. Ich werde wieder in meinen alten Beruf als Lehrerin zurückgehen und dann nicht viel Zeit für dich haben; da dachten wir, es wäre am besten, du würdest für eine Zeit zu deiner Oma gehen. Es wird dir dort bestimmt gefallen«, fügte sie schnell hinzu. »Später dann kannst du selbst entscheiden, zu wem du gehen willst.«

Ich sagte nichts, wagte aber auch nicht, meine Mutter anzusehen.

»Ich habe mit Oma gesprochen«, vernahm ich wieder die Stimme von Mutti, die jetzt merkwürdig fern erschien. »Sie freut sich auf dich.«

»Hat sie das gesagt?«, fragte ich.

Mutti antwortete nicht, schloss mich stattdessen in ihre Arme. »Du bist jetzt bereits zwölf Jahre alt, schon groß genug, um so etwas zu verstehen. Ich werde dich vermissen; aber es ist das Beste so, glaube mir.«

Ich dachte an meine Freundinnen in der Schule. Was sollte ich ihnen sagen? Ich wusste, dass auch Hellas Eltern geschieden waren; aber Hella wohnte wenigstens noch bei ihrer Mutter und konnte weiter in dieselbe Schule gehen.

»Es wird bestimmt besser, als du denkst, Anke«, versuchte Mutter mich zu trösten, als sie sah, dass plötzlich Tränen in meine Augen stiegen.
Ich wollte nicht weinen und wandte mich ab.
Einige Tage später saß ich bereits im Intercity Richtung Basel. In Bad Bellingen stand meine Oma auf dem Bahnsteig. Zuerst hatte ich sie gar nicht erkannt. Dann winkte sie und kam auf mich zu. In ihrer Hand hielt sie einen Teddybär, den sie mir entgegenstreckte.
»Das ist deiner. Kennst du ihn noch?«, fragte sie und lachte. »Als du damals bei mir warst, hattest du ihn vergessen. Seitdem wartet er auf dich.«
Ich war so verdutzt, dass ich im ersten Augenblick nicht wusste, was ich sagen sollte. Dann sagte ich: »Er musste ziemlich lange warten.«
»Ja, das stimmt. Aber es ist ihm nicht langweilig geworden, und er wusste, eines Tages kommst du wieder.« Sie drückte mir den Teddy in den Arm und nahm meine Tasche. Ich blickte mich etwas verlegen um, denn schließlich laufen Mädchen in meinem Alter nicht mehr mit einem Teddy im Arm durch die Straßen. Ich stellte den Koffer ab und versuchte verschämt, den Teddy unter meinem Mantel verschwinden zu lassen. Es fing an zu regnen.
»Dabei hatten die heute schönes Wetter vorausgesagt«, murmelte Oma vor sich hin. »Hoffentlich wird's nicht zu schlimm.« Sie blickte mich fragend an. »Bist ja nicht aus Zucker, oder?«
Ich wusste nicht, welch eine Reaktion sie von mir erwartete und beschloss zu lachen.
»So ist's richtig. Zeig ihnen, dass wir jedem Wetter gewachsen sind. Ich hab nämlich heute kein Auto. Das ist in der Werkstatt. Wir müssen schon mit dem Bus vorlieb nehmen.«
Als wir den Hof erreichten, war es bereits später Nachmittag. Es regnete noch immer. Plötzlich schien mir alles irgendwie vertraut: Die roten Schindeln auf dem Dach. Neben dem Haus der alte Schuppen mit dem Hühnerverschlag. Und rechts davon der große Apfelbaum. An dem dicken Ast baumelte an zwei starken Seilen eine Schaukel. Rechts und links von der Eingangstreppe standen Kübel mit roten Geranien. Großmutter öffnete die schwere Haustür und ließ mich eintreten. In einem Sessel im Flur saß eine lebensgroße Strohpuppe mit einer langen Wasserpfeife, wie ich sie aus Bilderbüchern kannte.

»Unser Butler«, erklärte Oma, und stieg die schmale Holzstiege hoch.
»Erinnerst du dich noch?«, fragte sie und öffnete die Tür zu dem kleinen Dachstübchen.
Durch die geöffnete Luke konnte ich nach draußen sehen. Am Waldrand hingen dunkle Wolkenfetzen. Ich stellte den Koffer auf den bunten Flickenteppich. Insgeheim wünschte ich, nie hierher gekommen zu sein.
»Ich habe dich bereits in der Schule angemeldet«, sagte meine Oma, »aber zuerst sind ja Ferien.«
Ich würde niemanden in der Klasse kennen – nur nicht daran denken!.
»Anke«, sagte meine Oma und zog mich neben sich aufs Bett. »Wir beide werden gute Freunde werden.«
Ich schwieg und wünschte, sie würde mich allein lassen.
»Ich lasse dich jetzt allein, Kind, damit du deine Sachen auspacken kannst. Danach kommst du runter zu mir in die gute Stube.« Mit diesen Worten verließ Oma das Zimmer.

Ich musste eingeschlafen sein. Plötzlich stand meine Oma vor mir.
»Willst du nicht runterkommen?«
Schwerfällig erhob ich mich und nahm die Kopfhörer ab. »Ich weiß nicht, was ich unten soll«, sagte ich trotzig.
»Hör zu, Anke, du bist ...«
»... ein großes Mädchen«, vollendete ich den Satz, »und solltest wissen, wie du dich zu verhalten hast.«
»Nein, Kind, das wollte ich nicht sagen. Du bist in einer schwierigen Situation. Es ist nicht leicht, dich jetzt zurecht zu finden. Dein Vater und deine Mutter ...«
»Sie hassen mich.«
»Sie hassen dich nicht, Anke. Wie kommst du auf diese Idee?«
»Sonst würden sie mich nicht abschieben.«

»Sie schieben dich nicht ab.«
»Warum sonst haben sie mich hierher geschickt? Sie wollen mich los sein, das ist es doch.«
»Sie wollen dich nicht los sein. Sie wollen dich schonen, weil sie dich lieben.«
»Mich schonen«, sagte ich spöttisch. »Wenn sie mich lieben würden, hätten sie einen Weg gefunden, zusammen zu bleiben. Aber sie denken nur an sich selbst. Was ich dabei empfinde, ist ihnen ganz egal.«
»Du bist verletzt, Anke, das ist verständlich. Doch manchmal gibt es Situationen, die ein anderer nicht versteht und nicht verstehen kann.«
»Es wird nie mehr so sein, wie es einmal war«, sagte ich und versuchte, meine Tränen zu verstecken.
»Ich weiß, mein Kind. Du liebst Vati und Mutti. Wie kannst du zwischen ihnen wählen? Aber hast du schon einmal darüber nachgedacht, dass Gott deine Mutter und deinen Vater noch viel mehr liebt als du sie? Er liebt auch dich.«
»Warum sind wir dann nicht eine glückliche Familie?«
»Dazu muss jeder selbst beitragen, mein Kind. Es mag sein, dass du das jetzt noch nicht verstehst; aber du kannst für deine Mutter und für deinen Vater beten.«
Ich schwieg und fing an, meinen Koffer auszupacken.
»Warum müssen Vati und Mutti sich immer streiten?«, fragte ich, während ich meine Jeans und T-Shirts in den Schrank legte.
»Das kann ich dir nicht sagen. Sie haben unterschiedliche Erwartungen.«
»Ist das ein Grund?«
»Nein, das sollte kein Grund sein. Aber wir Menschen müssen manches Mal einen großen Umweg machen, um etwas zu lernen.«
Ich wusste nicht, was sie damit meinte, aber ich sagte nichts mehr.
»Komm mit mir, ich habe unten noch eine kleine Überraschung für dich.«
Ich klappte den Koffer zu und folgte beinahe widerstrebend meiner Oma nach unten in die große Stube. Kaum hatte ich die Tür geöffnet, torkelte ein winziges Knäuel auf vier Beinen auf mich zu. Fassungslos starrte ich auf den Welpen, kniete mich auf den Teppich und nahm das kleine Bündel in meine Arme. Meine Oma beobachtete mich.
»Ich dachte, du könntest vielleicht einen kleinen Freund brauchen«, sagte sie schmunzelnd.

»Soll der für mich sein?«, fragte ich mit belegter Stimme.
»Ein kleiner Willkommensgruß, damit du dich hier bald zu Hause fühlst.«
»Danke«, stammelte ich und streichelte das weiche Fell.
»Ich glaube, jetzt werde ich nicht einsam sein.«

FREUND-SCHAFT

Hi Conny!

Hast du Lust, heute Abend zu mir zu kommen? Wir machen es uns gemütlich, trinken Tee und reden mal über unsere Freundschaft.
Ich habe nämlich eine Checkliste für beste Freundinnen gefunden! Es interessiert mich brennend, was du dazu sagst.

1. Welche Eigenschaften erwartest du von deiner besten Freundin? (Was macht eine gute Freundin aus?)
2. Welche Eigenschaften erwartet sie von dir?
3. Bist du eine gute Freundin?
4. Welche Gemeinsamkeiten (auch Hobbys) habt ihr?
5. Kommt eine von euch zu kurz?
6. Welche Unterschiede gibt es? Machen sie euch zu schaffen? Wie geht ihr damit um?
7. Könnt ihr euch respektieren?
8. Eine gute Freundschaft fördert den anderen und baut ihn auf – stimmt das in eurer Beziehung? Was könntet ihr ändern?
9. Warum ist eine beste Freundin für dich so wichtig?
10. Warum bist du für sie so wichtig?
11. Gibt es einen Unterschied zwischen eine Freundin »brauchen« und »ge-brauchen« (= benützen)?

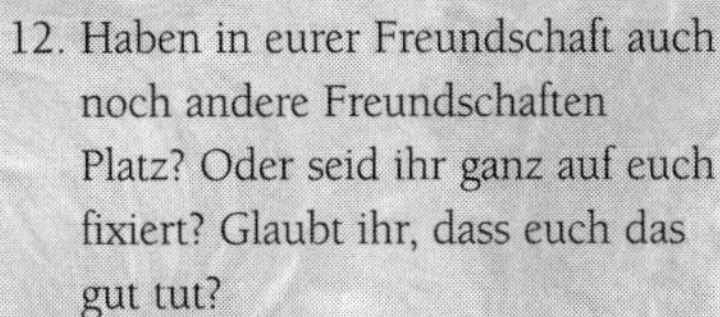

12. Haben in eurer Freundschaft auch noch andere Freundschaften Platz? Oder seid ihr ganz auf euch fixiert? Glaubt ihr, dass euch das gut tut?
13. Was fehlt euch in eurer Freundschaft?
14. Was ist das Besondere daran?
15. Wie geht ihr mit Problemen in eurer Freundschaft um? Könnt ihr da etwas verbessern?
16. Spielt der Glaube an Jesus in eurer Freundschaft eine Rolle? Ändert er etwas in Beziehungen?
17. Könnt ihr trotz Jungs Freundinnen bleiben? Was könnt ihr dazu tun, dass es gelingt?
18. Könnt ihr euch auf einander verlassen? Seid ihr ehrlich miteinander? Höflich?
19. Arbeitet ihr an euren Schwächen? Welchen Stellenwert haben sie?
20. Wohin würdet ihr gehen, wenn ihr oder Freunde in Schwierigkeiten stecken?

Also, hast du Lust?
Dann bis heute Abend!
Ciao, deine Babs

Die beste Freundin

Der Sinn des Lebens ist Karamelleis von McD«, ein herausforderndes Lachen liegt auf Christines Gesicht. »Denkste, der Sinn des Lebens ist Kartoffelsalat«, kommt prompt die Antwort ihrer Freundin. Die »Schlacht« ist eröffnet – immer mehr Meinungen über den Sinn des Lebens schwirren durch die Luft und in Kürze füllt Gelächter den kleinen Raum, in dem die Freundinnen ihre Mittagspause verbringen. Sie haben im Moment auch gar keine Zeit, um ihren jeweiligen »Sinn« des Lebens Wirklichkeit werden zu lassen, aber das ist für sie auch gar nicht so wichtig. Wirklich wichtig ist ihnen ihre Freundschaft.
Und genau darum sind wir hier. Christine und Katrin sind das, was man allgemein als die »besten Freundinnen« bezeichnet und wir haben sie aufgespürt und interviewt. Wir möchten »alles« über sie wissen ...

Wie lange seid ihr eigentlich schon befreundet?
Christine: So ungefähr 7 Jahre!
Katrin: Ja, seit wir in die Schule hier gehen.

Und ihr habt euch sofort gefunden und angefreundet?
Christine: Also das mit »sofort« stimmt nicht ganz – am Anfang checkst du ja die Leute erst mal ab, mit denen du da jetzt Stunden über Stunden zusammenhockst und büffeln sollst.
Katrin: Also ganz ehrlich, am Anfang hab ich mir gedacht, da ist niemand dabei, der mich interessiert. Die Jungs hier sind sowieso noch richtige Kinder und die Mädchen alle gestörte Hühner!

Hm, das klingt ja nicht gerade nach dem Anfang einer großen Freundschaft!
Wie ging´s weiter?
Katrin: Na, so das Übliche – wir haben in den Pausen ab und zu miteinander geschwätzt und da hab ich bald gemerkt, dass die Christine eigentlich ganz cool ist und offensichtlich fand sie das umgekehrt auch.

Also ihr habt sozusagen durch's Miteinanderreden zueinander gefunden?
Christine: Ja, so könnte man sagen.

Und jetzt seid ihr seit 7 Jahren miteinander befreundet. – Verratet ihr uns einmal, was eine »beste« Freundin so für Eigenschaften haben muss? Was ist für euch beide besonders wichtig?

Katrin: Absolutes Vertrauen – das heißt, ich kann so sein wie ich bin und weiß, dass sie mich trotzdem mag und versteht.
Christine: Ja, genau! Das heißt natürlich, dass wir miteinander total ehrlich sind! Das ist zwar nicht immer ganz leicht, weil es ja auch manchmal weh tut, was man über sich zu hören bekommt, aber es ist echt wichtig! »Schleimen« bringt's in einer echten Freundschaft einfach nicht!
Katrin: Außerdem ist es wichtig, dass man sich aufeinander verlassen kann und auch nicht hinterrücks übereinander herzieht. Du weißt schon ... dass man die Dinge nicht ausplaudert, die man sich anvertraut. Aber das klingt jetzt alles so ernst. Für mich ist die Freundschaft mit Christine so cool, weil wir meistens viel Spaß miteinander haben ...
Christine: ... und voll gut drauf sind, wenn wir zusammen die Gegend unsicher machen ...
Katrin: Ja, wir können total ausflippen und sind für jeden Blödsinn zu haben! Na ja, zumindest fast jeden. Außerdem mögen wir beide Tiere sehr gern und wenn wir keine Zeit haben, um miteinander herumzuhängen, oder keine »Äktschn« los ist, dann läuft schon mal das Telefon heiß!

Christine: Ja, und da können wir erst recht über alles reden und es ist echt lässig, weil ich weiß, dass Katrin mir wirklich zuhört und mich versteht! Und sie hilft mir, egal, was ich quatsche.
Katrin: Das tust du ja auch! Also verpetzen oder so, das gibt's bei uns nicht!

Aha, und wie ist das bei euch: Du sagst: verpetzen gibt's nicht! Und wenn eine von euch so einen richtigen Blödsinn macht und vielleicht dadurch in Gefahr gerät? Was macht ihr dann?
Katrin: Also die Regel bleibt eigentlich schon: verpetzen gilt nicht! Aber wenn Christine in Gefahr ist, würd ich schon Hilfe holen irgendwie! Also da ist das schon wichtiger, meiner Meinung nach!
Christine: Ich seh das auch so. Es gibt halt gute und schlechte Geheimnisse. Bei schlechten Geheimnissen muss ich echt checken, was wichtiger ist: Schweigen oder Reden. Ich glaub schon, dass es Situationen gibt, in denen Reden wichtiger ist. Ob das die andere nun versteht oder nicht. Genauer gesagt: Meine beste Freundin passt auf mich auf,

macht mir Mut in schwierigen Situationen. Sie ist aber auch in der Lage, mit mir Klartext zu reden, wenn ich mich auf dem Holzweg befinde.
Super ist es, wenn ich mit meiner Freundin auch über Gott, über Jesus und die ganze Welt reden kann. Ideal ist es, gemeinsam zu beten!

Katrin: Ja. Gegenseitige Vergebung tut gut und wir haben den Kopf dann wieder frei. Wenn die Freundin ganz anders ist als ich selbst, erweitert das den eigenen Horizont.
Ein Gegenüber zu haben, ist sehr wichtig, wir können uns ergänzen und gemeinsame Freude ist doppelte Freude!

Wie ich sehe, könnt ihr nicht nur Unfug treiben, sondern führt auch ganz schön ernste Gespräche. Sozusagen wirklich über Gott und die Welt. Es gefällt mir auch, wie ihr miteinander redet. Ihr habt so einen gegenseitigen Respekt und nehmt euch ernst. Das ist schön – ihr könnt euch so stehen lassen, wie ihr seid – super!
Ihr habt euch wirklich viel Mühe gemacht, meine Fragen zu beantworten – herzlichen Dank für eure ehrlichen Antworten!

Tipp

Freundschaft ist eine Kostbarkeit – du kannst dankbar für die »beste« Freundin sein. Mehrere Freundinnen (dazu) zu haben, ist eine Bereicherung und macht das Leben bunt.
Den Wert echter Freunde und Freundinnen wussten auch schon die Leute im Alten Testament zu schätzen – ich wünsche euch auch solche Freundschaften. Die Freundin liebt zu jeder Zeit, als Schwester für die Not ist sie geboren (nach Sprüche 17,17).

Freunde

Es gibt Tage, an denen es mir mies geht,
Tage, an denen du's nicht merkst,
dauernd lachst und Scheiß machst,
Tage, an denen mich all das nervt
und ich dich zum Mond schießen könnte.
Doch irgendwann steckt mich dein Lachen an,
ich kann einfach nicht anders, muss mitlachen,
und dein Lachen baut mich auf,
denn wir sind Freunde.
Es gibt Tage, an denen es dir mies geht,
an denen dich deine Sehnsucht fast auffrisst.
An solchen Tagen versuch ich dich aufzubauen,
dich mit meinem Lachen anzustecken, für dich da zu sein,
wenn du dir alles von der Seele reden willst,
denn wir sind Freunde.
Es gibt Tage, an denen wir gemeinsam Scheiß machen
und uns kringeln vor Lachen,
denn wir sind Freunde.
Es gibt Tage, an denen's uns beiden mies geht,
an denen wir uns gegenseitig runterziehen
und uns gegenseitig wieder aufbauen.
Denn wir sind FREUNDE!
Lass uns Gott dafür danken!

Ines

Schreib doch mal ...

Hast du auch eine (oder vielleicht mehrere) Brieffreundinnen? Vielleicht denkst du, es ist lästig, immer gleich wieder auf einen Brief antworten zu müssen. Aber solch eine Brieffreundschaft kann auch große Vorteile haben.

malu

Schon im Kindergarten habe ich gerne Briefe geschrieben. Na ja, genau genommen haben Erwachsene mir diese Briefe geschrieben – aber ich habe sie diktiert. Meine erste Brieffreundin kommt aus Amerika. Leider konnten wir uns noch nicht direkt treffen; aber ich möchte sie unbedingt besuchen.
Tja, dann habe ich noch 10 Brieffreundinnen in Deutschland (war nicht so geplant, aber hat sich so ergeben ...). Wir haben uns auf Freizeiten oder bei Besuchen kennen gelernt und wollten einfach auch weiterhin wissen, wie es der anderen geht, was sie gerade macht und so.
Ich schreibe jeder meiner Brieffreundinnen regelmäßig. Natürlich kann es manchmal etwas dauern, denn die Schule ist ja ganz nebenbei auch noch da ...
Wenn wieder Post für mich im Briefkasten ist, dann finde ich das klasse (wann bekommen wir sonst schon Post – außer vielleicht zum Geburtstag)!
Manchmal tauschen wir Klassenarbeiten oder Referate aus, oder wir erzählen, was wir erlebt haben – oder ich schreibe mir alles 'von der Seele', was ich im Augenblick niemand direkt erzählen kann.

Bei einem Brief kannst du dir deine Worte genau überlegen. Geschriebenes kann noch einmal nachgelesen und überlegt werden. Ein Brief hat mehr Gewicht, weil er eben immer wieder gelesen werden kann.

Simone

Auf unserer Freizeit habe ich neue Leute kennen gelernt. Leider haben wir sonst keinen Kontakt. Darum beschlossen wir, uns weiter zu schreiben. Ich habe dabei gemerkt, dass wir uns dadurch eigentlich noch viel besser kennen gelernt haben. Manches kann man eben besser schreiben als aussprechen.
Und es wurden manche meiner Ansichten und Probleme auch zurecht gerückt oder ich erfuhr, dass andere viel größere Probleme haben als ich mit meinen 'Problemchen'. Als wir uns dann beim Freizeittreffen wieder sahen, hatten wir ganz tolle Beziehungen zueinander. Wir waren uns gar nicht fremd und irgendwie gute Freundinnen geworden.

Tipp

- In Zeitschriften gibt es meist die Sparte »Briefkontakte«. Stöbere doch dort nach Mädchen, die die gleichen Interessen wie du haben.
- Im Zeitalter der neuen Medien ist auch eine e-mail-Brieffreundschaft denkbar! (Obwohl schönes Briefpapier, interessante Briefmarken und eine individuelle Handschrift ihren besonderen Reiz haben!)

Durch Brieffreundschaften kannst du aber auch Informationen über den Alltag der Menschen im Ausland bekommen, was sie denken und fühlen, wie sie als Christen ihren Glauben leben. Vielleicht kommen dir dabei eigene Ideen für dein Leben.

Michaela

Ich habe eine Brieffreundin in Frankreich. Nebenbei ist das eine gute Übung für mein Französisch. Vielleicht besuche ich sie auch im nächsten Sommer. Sie schrieb mir, wie sie in ihrem Land lebt. Da wurde mir erst deutlich, wie gut ich es habe.

Ein ganz besonderes Buch

Wenn du dich mit deiner besten Freundin mal nicht im Gespräch oder am Telefon austauschen möchtest, dann habe ich eine ganz besondere Idee:

Kauft euch ein dickes Heft oder noch besser ein Tagebuch zum Abschließen mit zwei Schlüsseln, so dass jede von euch einen hat. Eine von euch schreibt dann in das Buch, was sie der Freundin mitteilen möchte. Dann bekommt deine Freundin das Buch und schreibt ihre Antwort und ihre Gedanken dazu hinein.

Ich kann alles in das Buch schreiben und bin immer in Kontakt. Meistens ist es auch so, dass wir uns sehen, aber oft können wir uns nicht alles erzählen und dann schreiben wir es einfach.

Der Vorteil zu einzelnen Briefen ist, dass das Buch nicht irgendwo einmal herumfliegen und in falsche Hände geraten kann. Ihr könnt bei euren Antworten auch auf alte Briefe zurückgreifen.
Interessant ist es auch, später nachzulesen, was ihr so vor einiger Zeit hineingeschrieben habt und dann zu merken, wie sich Probleme und Herausforderungen ändern.
Manche gestalten ihr Freundschaftsbuch auch mit Bildern und Fotos. Jedenfalls ist es euer gemeinsames Buch über 'Freud und Leid'.
Deshalb: Aufpassen, dass es nicht verloren geht und andere alles über euch beide nachlesen können!

JUNGE, JUNGE

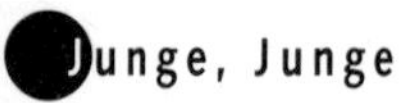

Gestern habe ich meinen 'großen' Bruder mal gefragt, was diese Wesen 'Jungs' sich denn darunter vorstellen, wie Mädchen mit ihnen umgehen sollen.
Weil er in Eile war, hat er versprochen, mir etwas aufzuschreiben.
Das habe ich nach der Schule heute auf meinem Schreibtisch gefunden:

Fremde Wesen: Jungs

Hi, ich bin Tim, 18 Jahre alt, 184 cm groß, schlank, höre hardcore und stehe auf brünette Mädchen, die natürlich sind – und ein bisschen verrückt.
Also ich will dir mal als Junge sagen, was ich an Mädchen mag und wie sie sein sollten, um bei mir anzukommen:

Ich finde wichtig, dass Mädels echt sind und sich nicht verstellen, wenn sie mit mir zusammen sind. Sie sollen einfach so sein, wie sie sind. Ich glaube, manche Mädels imitieren andere, um bei mir anzukommen. Das wirkt auf mich gespielt.
Außerdem stehe ich auf Mädels, die nicht so sehr geschminkt sind. Schminke ist toll, wenn sie die Schönheit unterstreicht. Wenn eine aber Schminke braucht, weil sie sich sonst nicht in die Klasse traut – oder sich ohne Schminke nicht hübsch findet, finde ich es echt übel.

Wenn ich mit Mädels herumalbere und Fetz machen kann, finde ich das super. Aber ich mag es nicht, wenn sie versuchen, mich einzuwickeln.
Manche Jungs machen sich dann echt Hoffnungen und sind voll enttäuscht, wenn sie merken: »Im Grunde mag die mich nicht mal richtig.« Andere Jungs spielen da gerne mit, um irgendeinen Gewinn zu haben, z. B. Berührungen und bestimmte Körperteile anfassen – auch wenn sie wissen, dass sie mit der gar nicht zusammen sein wollen.
Anhänglichkeit und ständige Umarmungen kann ich auch nicht ausstehen, weil mich das einengt. Und wenn das Mädel sich schlecht macht, damit sie von mir hört, dass ich sie gut finde, dann ist sowieso der Ofen aus.
Die Alex finde ich supersüß, weil die weiß, was sie will. Sie redet mir nicht alles nach, sagt nicht zu allem ja, riskiert eine eigene Meinung, ohne Angst zu haben, mich zu verlieren.
Sie ist kein Normaltyp, sondern spontan und kreativ – genau wie ich.
So, und wenn du jetzt versuchst so zu sein, wie ich es mag, liegst du schon wieder falsch!
Sei lieber so, wie du bist!

Ciao, Tim

Verliebt – und dann?

Das Herz schlägt dir bis zum Hals, dir wird heiß und du spürst, wie du rot wirst, wenn er zu dir rüber schaut. Du willst etwas sagen und fängst an zu stottern.
Im Unterricht kannst du nicht aufpassen, weil deine Gedanken ständig bei ihm sind. Du denkst dir in Tagträumen romantische Stunden aus und oft genügt ein einziger Augenblick und dein Leben ist völlig umgekrempelt.

Jungs träumen den Traum von Nacktheit und Sex

Mit zwölf, vielleicht auch noch mit vierzehn Jahren, machen Jungs auf sich aufmerksam, indem sie dich ärgern, necken und sich Gags ausdenken, über die andere dann lachen. Irgendwann ändert sich das schlagartig.
Dein Aussehen, deine Brust, deine Haare faszinieren ihn nun. Er ist völlig von den Socken und wünscht sich nichts sehnlicher, als mit dir zusammen zu sein. Seine Sexualhormone bringen ihn auf 180.

Mädchen träumen den Traum vom Prinzen

Als Mädchen denkst du ganz anders über Jungs nach, als sie über dich. Sicher spielt sein Body und die Art, wie er lacht, auch bei dir eine Rolle. Aber du bist mehr davon fasziniert, wie er über Dinge nachdenkt, was er fühlt, wie er redet und sich vor anderen gibt. Am meisten aber beeindruckt dich, wenn du merkst, dass er zuhören kann und man sich echt gut mit ihm unterhalten kann.

Tipp

Nicht jeder, der dich versteht, der zuhören und sich toll unterhalten kann, ist ein Traumprinz.

Wenn du mit einem Jungen, den du magst, oft zusammen bist – in der Schule, der Straßenbahn oder der Jugendgruppe –, glaubst du vielleicht, dass es die große Liebe ist. Wirklich lieben können wir aber nur einen Menschen, den wir kennen. Oft lieben wir am anderen nur, was uns gefällt, z. B. seine Ausstrahlung und seinen Körper. Lernen wir ihn aber näher kennen, z. B wenn er unausgeschlafen und schlecht gelaunt ist, er dich eineinhalb Stunden vor dem Kino warten ließ oder sein Mundgeruch dir fast den Atem verschlägt und die Socken mei-

lenweit miefen, dann ist die Verliebtheit oft schnell vorbei.
Je vertrauter dein Freund dir aber wird, umso näher kommt ihr euch körperlich. Waren es am Anfang nur eure Blicke, die sich trafen, so finden sich irgendwann die Hände... Je nach Vorerfahrung des Einzelnen geht es dann immer schneller. Die erste Umarmung, der erste Kuss, immer mehr Berührungen, zuerst an Hals und Schulter, dann mehr und weiter, immer tiefer und inniger. Je mehr Zärtlichkeit, umso mehr wächst auch in dir die Sehnsucht nach Nähe. War der Zungenkuss für dich am Anfang vielleicht aufdringlich, so gewöhnst du dich recht schnell daran, willst es selbst, willst schließlich immer mehr.

Tipp

Ein Junge geht in der Regel so weit, wie du es ihm erlaubst und wie du innerlich dazu bereit bist. Selbst wenn ihr nicht darüber redet – er merkt es.

Im Innersten akzeptiert der Junge vielleicht sogar Widerstand, weil er sich oft selbst von seiner Lust überrumpelt fühlt. Aber natürlich sehnt er sich auch danach, dich zu besitzen. Alles treibt ihn beim besten Willen dahin, mit dir letztendlich sexuell eins zu werden. Deine Nähe reizt ihn.

was viele nicht wahrhaben wollen, ist dies:

Ich habe bis jetzt noch kein Mädchen getroffen, das sein erstes sexuelles Erlebnis als bereichernde Erfahrung empfunden hätte. Viele sind eher davon enttäuscht. Du sehnst dich ja auch viel mehr nach innerer Nähe und willst ihm viel mehr gehören, als du es mit Sex ausdrücken könntest.

Andere spielen dir falsche Tatsachen vor, so haben z. B. viele Mädchen von 'Bravo' gelernt: »Wenn es Liebe ist, enthalte dem anderen nichts vor! Wenn du ihn wirklich liebst, wirst du alles geben – auch deinen Körper.«
Ich sage dir: Wenn es Liebe ist, kannst du ihm zumuten, dass er warten lernt.

Sex ist etwas Wunderschönes; aber nur in dem Schutzraum von Vertrauen, Geborgenheit und Verantwortung kannst du ihn genießen. Darum hat Gott sich die Ehe ausgedacht.
Je näher ihr euch aber jetzt schon körperlich kommt, umso weniger seid ihr fähig, euch wirklich kennen zu lernen.

Wer wartet,

verliert nicht, er gewinnt!

Es lohnt sich! Frage doch die, die gewartet haben.

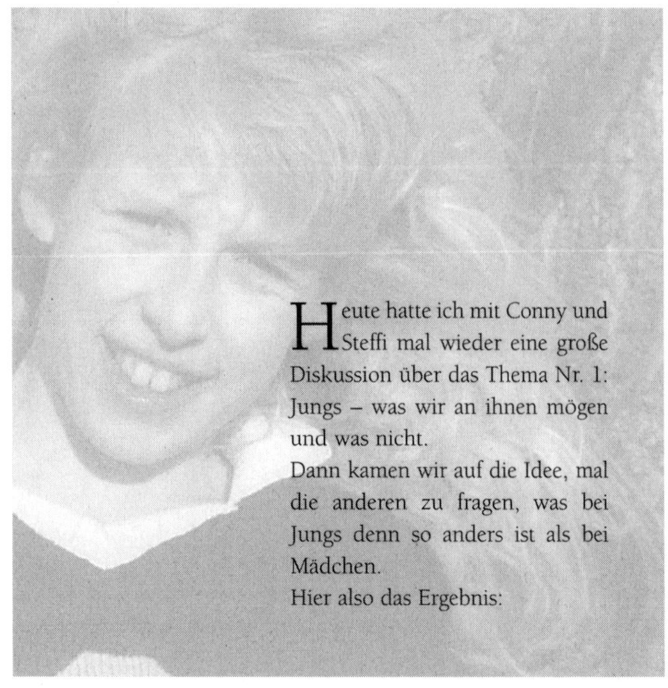

Heute hatte ich mit Conny und Steffi mal wieder eine große Diskussion über das Thema Nr. 1: Jungs – was wir an ihnen mögen und was nicht.
Dann kamen wir auf die Idee, mal die anderen zu fragen, was bei Jungs denn so anders ist als bei Mädchen.
Hier also das Ergebnis:

Warum sind Jungs so anders?

Also, ich finde Jungs fahren total auf das Aussehen eines Mädchens ab. Hat eine eine gute Figur und lange, schöne Haare, dann dürfte es ihr ein Leichtes sein, ihren Traumtyp um den Finger zu wickeln.
Für Mädchen sind hübsche Jungs ein gutes Gesprächsthema. Aber zum Verlieben ist einer erst, wenn er nicht nur gut aussieht, sondern ich auch gut mit ihm reden kann.

Jungs schauen die Simsons, Mädchen lieben Beziehungskisten.

Mich nervt es immer total, dass man es mir anmerkt, wenn ich in einen Typen verknallt bin. Das bekommen dann alle mit – ob ich es will oder nicht. Da beneide ich Jungs, die in dieser Situation cool bleiben können.

Mädchen gehen zu zweit aufs Klo, Jungs alleine.

Ich weiß nicht, ob das bei allen Mädchen so ist, aber ich verliebe mich ständig. Ich glaube Jungs nicht. Sie sind ausgeglichener und haben nicht so Stimmungsschwankungen.

Mädchen wollen mehr reden, Jungs kuscheln.

Ich finde es zwar süß, wenn Jungs am Anfang ganz verliebt sind, aber wenn er mich dann klammert und sich immer nur mit mir treffen will, mich als Eigentum sieht, bekomme ich den Koller.

Jungs hören härtere Musik, Mädchen mögen mehr Softiges.

FAZIT

Also Mädels, keine Panik. Jungs sind eben anders – und Mädchen auch!

Zurzeit stehe ich total auf Gedichte und Lyrik.
Eines von Hermann Hesse hat mich sehr beeindruckt.

Verführer

Gewartet habe ich vor vielen Türen,
In manches Mädchenohr mein Lied gesungen,
Viel schöne Frauen sucht ich zu verführen,
Bei der und jener ist es mir gelungen.
Und immer, wenn ein Mund sich mir ergab,
Und immer, wenn die Gier Erfüllung fand,
Sank eine selige Phantasie ins Grab,
Hielt ich nur Fleisch in der enttäuschten Hand.
Der Kuss, um den ich innigst mich bemühte,
Die Nacht, um die ich lang voll Glut geworben,
Ward endlich mein – und war gebrochne Blüte,
Der Duft war hin, das Beste war verdorben.
Von manchem Lager stand ich auf voll Leid,
Und jede Sättigung ward Überdruss;
Ich sehnte glühend fort mich vom Genuss
Nach Traum, nach Sehnsucht und nach Einsamkeit.
O Fluch, dass kein Besitz mich kann beglücken,
Dass jede Wirklichkeit den Traum vernichtet,
Den ich von ihr im Werben mir gedichtet
Und der so selig klang, so voll Entzücken!
Nach neuen Blumen zögernd greift die Hand,
Zu neuer Werbung stimm ich mein Gedicht,
Wehr dich, du schöne Frau, straff dein Gewand!
Entzücke, quäle – doch erhör mich nicht!

Er liebt mich ...

Er liebt mich nicht ...

Conny ist 14 Jahre alt und hat noch keinen Freund. So langsam glaubt sie selbst, dass etwas mit ihr nicht stimmen könnte. Warum die anderen aus der Klasse alle, nur nicht sie?

Monis Freundin erzählte ihr heute in der Pause, dass sie gestern Nacht zum ersten Mal Sex mit ihrem Freund hatte – im Auto, schnell, frustrierend. Was geblieben ist, ist die Angst vor einer Schwangerschaft.
Moni ist geschockt. Sie hat wenig Lust darauf, genauso ausgenutzt zu werden. In ihren Träumen sieht das alles ganz anders aus.

Claudia liegt in ihrem Bett und heult. In der Hand hält sie Michas Abschiedsbrief. Sie kann es nicht glauben, dass alles vorbei sein soll. Dabei hat sie ihn doch schon wieder mit der Nächsten im Arm gesehen.

Und du?

Sehnst du dich auch nach einer glücklichen Beziehung und weißt einfach nicht, wie du das angehen kannst?

Ich möchte dir ein paar Dinge sagen, an die du denken solltest, bevor du eine Freundschaft mit einem Jungen beginnst. Sie können euch beiden helfen, dass eure Beziehung echt super wird und nicht mit schmerzlichen Verletzungen endet.

1. Lass dich nicht von deinen Gefühlen überrumpeln, sondern überlege dir, welche Maßstäbe Gott für dein Leben hat. Schreibe dir auf, wie du deine Freundschaft gestalten willst und bitte Gott, dir dabei zu helfen. Übrigens: Auch wenn du keinen Freund hast, du kannst heute schon dafür beten!
2. Wie lernst du einen Jungen wirklich kennen? Trefft euch mehr in der Clique als zu Hause bei dir im Zimmer. In der Gemeinschaft mit anderen lernst du ihn auch wesentlich besser kennen. Du siehst, wie er sich anderen gegenüber verhält, entdeckst, ob er fair ist beim Volleyballspiel, wie er Vorteile herausholt, sich durchsetzt – oder eher nachgibt. Ist er nachtragend, wenn er verletzt wurde oder kann er schnell vergeben? Wie spricht er über andere? Geht er großzügig mit Geld um, ist er verantwortungsbewusst, wenn er etwas versprochen hat?
   Lerne seine Eltern und Geschwister kennen und beobachte genau seinen Umgang mit ihnen. Was ist ihm wichtig, was für eine Rolle spielen Musik, Sport, Kunst für sein Leben, welche Fernsehsendungen mag er und warum? Welche Bücher liest er? Geht miteinander ins Eiscafé, um euch zu unterhalten oder schaut im Kino einen Film an, um dann über ihn zu diskutieren. So könnt ihr euch viel besser kennen lernen, als wenn ihr auf der Couch liegt und Zärtlichkeiten austauscht.
3. Wenn ihr eine Freundschaft beginnt, seid ihr irgendwann an dem Punkt angekommen, wo du selbst und auch dein Freund mehr wollt als eine Umarmung. Werde dir klar darüber, welche Zärtlichkeiten du möchtest und welche nicht. Gib deinem Freund klare und unmissverständliche Signale, was du willst und was nicht. Manche Mädchen empfinden einen Zungenkuss als abstoßend. Du brauchst wirklich keine Angst vor der Reaktion deines Freundes zu haben. Wenn er dich echt liebt, wird er das akzeptieren und sich an diesem Punkt zurückhalten. Seine Hand unter deinem Pulli mag dir wohl auf der einen Seite ein Gefühl von prickelnder Nähe geben. Sprich offen mit ihm darüber, wenn es dir zu weit geht.
4. Was aber ist, wenn dein Freund dir Schuldgefühle macht? Was ist, wenn er dir droht, wegzugehen, wenn er nicht die Berührungen erhält, die er sich wünscht?

> **Tipp**
> Liebe kann warten! Wer nicht warten kann, zeigt, dass er (noch) nicht zur Liebe fähig ist.

Dann lass ihn gehen!
Egal wie sehr du an ihm hängst, er würde dir später auch nicht treu sein. Daran erkennst du, worum es ihm eigentlich geht. Und wenn er dir vorjammert, dass er das jetzt braucht?
Dann hilf ihm dabei, sich beherrschen zu lernen.

> **Willst du testen,**
> **wie es um eure Beziehung steht?**
> **Dann hier der sichere Tipp:**
>
> Wenn eine Freundschaft daran zerbricht, weil der Junge nicht den Sex bekommt, den er sich wünscht, dann war es keine echte Liebe.

Wahre Liebe wartet

WAHRE LIEBE WARTET

WAHRE LIEBE WARTET

Du bist es wert!

Wahrscheinlich hast du schon viel über das Dauerbrennerthema »Liebe« gehört, gelesen, gesehen.
Die Aktion »Wahre Liebe wartet« möchte dich mit einer neuen Perspektive konfrontieren.
»Wahre Liebe wartet« zeigt mitten in einer im Hinblick auf Sexualität zunehmend hemmungslosen Welt einen konkreten, an der Bibel ausgerichteten Weg zum Umgang mit Sexualität. Gott möchte, dass wir in allem das Beste finden und uns nicht mit weniger zufrieden geben!

Wusstest du schon ...

Wusstest du schon ...

... dass es eine Aktion mit diesem Namen gibt?
... dass sehr viele Mädchen (und Jungs) bei dieser besonderen Unterschriftenaktion schon mitgemacht haben?
... dass du eine starke Infobroschüre bestellen kannst?

Aktion »Wahre Liebe wartet«
Postfach 64
D-74415
Gschwend
06254/37191

Das schöne Gefühl

Selbstbefriedigung – sicher hast du manches schon darüber gelesen oder auch gehört.
Viele tun es (und fühlen sich dabei total schlecht und einsam), aber kaum eine traut sich, darüber zu reden.

65

Was du über Selbstbefriedigung wissen solltest

Selbstbefriedigung

- Praktisch alle Jungs (und viele Mädchen) gehen durch diese Phase, wo die Berührung der Geschlechtsorgane prickelnde Gefühle in ihnen auslöst.
- Wenn es bei dir nicht so ist, sei dankbar dafür. Ich habe bis jetzt niemanden getroffen, der sich über seine Selbstbefriedigung gefreut hätte. Den meisten war es eher lästig, von den Gedanken, sich selbst zu befriedigen, bedrängt zu werden. Die wenigsten fühlen hinterher eine echte Befriedigung. Viele sagen, dass sie sich danach einsamer und verlassener vorkommen als vorher.
- Selbstbefriedigung führt allerdings in diesen Momenten zu einem sexuellen Spannungsabbau. Vorübergehend sind die Gedanken frei und müssen nicht mehr ständig an Sexuelles denken.
- Jemand bezeichnete die Selbstbefriedigung einmal als die größte Nebensache der Welt. Es wird jedoch verhängnisvoll werden, wenn sie dir zum Tröster wird, der dir Freunde ersetzen soll. Das wird dich dann nur noch mehr isolieren.
- Jemand, der hier ständig unter einem starken Druck steht, sollte einen erfahrenen Seelsorger oder Therapeuten aufsuchen, um Hilfe zu bekommen.
- Die Bibel gibt über diesen Bereich übrigens keine Auskunft.

MÄDCHEN-
POWER

Mädchenpower

Bin voll gut drauf! Habe etwas erlebt, was mich total aufgebaut hat und fühle mich richtig stark!
Also, wir waren mit den Franzosen (Austauschschülern) in Nürnberg zum Shoppen. Es hat echt Bock gemacht, alle möglichen Klamotten anzuprobieren.
Die Franzis sahen darin natürlich mal wieder viel besser aus als unsereiner. Seufz, eine Runde Selbstmitleid !!!
Und dann tauchte in der U-Bahn plötzlich dieser Typ auf, der uns schon die ganze Zeit nachlief. Er betatschte meine Freundin und sagte: »Hey, Süße, kommst du mit mir 'ne Runde?«
Bertille bekommt natürlich voll die Panik. Wir wissen zuerst auch nicht, was wir tun sollen. Hilfe, wie bekommen wir den Typ wieder los? Ich weiß genau, jetzt muss ich irgendetwas tun, wie soll sich Bertille mit ihren paar Brocken Deutsch, die sie spricht, denn wehren?
Also hole ich tief Luft, laufe rot an und rufe laut: »Was ihm wohl einfällt, sie hier anzumachen. Er soll bloß abhauen, sonst gibt es hier einen Riesenaufstand.«
Einen Moment Stille, dann dreht sich der Typ um und geht tatsächlich.
Meine Knie zittern, aber den sind wir los.

Und ich habe zum ersten Mal erlebt, was für eine Power in mir steckt. Wow!!

Starke Mädchen

Eine dunkle Straße, ein Mann verfolgt dich. Was tun – weglaufen oder schreien?

Ein Typ legt im Eiscafé die Hand auf dein Bein – und was jetzt?

Kennst du solche Situationen aus eigener Erfahrung? Oder beschäftigen sie dich nachts in deinen Alpträumen?

Jedes Mädchen und jede Frau kennt diese Angst. Sie ist ganz natürlich. Allerdings gibt es Hilfen!

In Sportstudios, bei der Volkshochschule, manchmal auch an Schulen kannst du dich für Kurse anmelden, die mehr Selbstvertrauen vermitteln (denn selbstbewusst auftretende Mädchen und Frauen werden seltener Opfer von Straftaten) und Selbstverteidigungstechniken speziell für Mädchen und Frauen anbieten.

Natürlich kosten diese Kurse etwas Zeit (und auch Geld), aber sie lohnen sich!

Nur Mut!

TIPP

Hör dich doch mal ein wenig in deiner Schule oder bei deinen Freundinnen um. Vielleicht hat ja eine schon so einen Kurs gemacht.

TIPP

Oder du und die Mädels aus der Schule fragt einmal bei eurem Rektorat nach, ob so ein Kurs nicht als Projekttage, AG oder ... angeboten werden könnte.

Wir sitzen im Klassenzimmer. Die Mathearbeit ist überstanden. Es ist, als ob der Rauch noch über unseren Köpfen hängen würde.
Aber jetzt ist Pause – und danach Sozi. Frau Müller hat kürzlich mit uns über das Thema »Missbrauch« gesprochen. Heute will sie eine Kassette aus einer Selbsthilfegruppe mitbringen. Zwei junge Frauen wollen über sich erzählen. Ich bin gespannt, was sie zu sagen haben.

Nein heißt nein

Nadine (23):

An meinen Missbrauch konnte ich mich immer schon erinnern. Es war mein Vater. Er lebt noch, ich war neun Jahre alt. Ich empfinde weder Hass noch Wut, im Gegenteil. Ich liebe ihn.
Vielleicht lag es auch daran, weil er es so liebevoll machte. Es war einfach so. Er sagte immer, er mache das, weil er mich lieb hätte. Ich dachte, das wäre normal, weil auch meine Mutter nichts sagte. Als ich später einmal einem Erwachsenen davon erzählte, sagte er, dass ich ein Problem hätte. Ich glaubte es ihm nicht. Okay, ich konnte in Bezug auf Jungs nicht nein sagen. Mein Körper war mir nicht wichtig, obwohl ich Angst vor Nähe hatte. Aber das alles wurde mir erst viel später klar.

Tina (24):

Mir ging es da ganz anders. An meinen Missbrauch konnte ich mich lange Zeit nicht erinnern. Vor fünf Jahren aber wurde ich von einem Kerl vergewaltigt. Du kannst dir vorstellen, dass mich das völlig aus der Bahn geworfen hat. Plötzlich lief gar nichts mehr und die alten Bilder kamen hoch.
Als ich sechs Jahre alt war, hatte mich mein Großvater missbraucht, und ein Jahr später ein Nachbar. Beide sind tot. Wieso konnte ich das alles nur so lange vergessen und wieso fiel keinem etwas auf? Ich weiß es nicht. Ich konnte auch nicht Nein sagen und hatte kein Selbstwertgefühl.

So wie Nadine und Tina geht es fast allen, die einen Missbrauch erlebt haben.
Nadine und Tina sind in einer therapeutischen Behandlung. Sie reden viel darüber, wie sich solche Erlebnisse später im Leben auswirken können.
Manchmal sind sie total aggressiv, ein andermal ziehen sie sich zurück. Oft hat Tina starke Kopf- oder Bauchschmerzen.
Aber das Schlimmste, so sagen sie, waren die ewigen Schuldgefühle, die sie sich machten. Tina dachte, sie wäre wohl so schlimm, dass die anderen das Recht hätten, so etwas mit ihr zu machen. Erst langsam hat sie begriffen, dass sie keine Schuld daran hat, sondern die Männer!
Heute kann ihr auch keiner mehr weismachen, dass sie das alles verdient hätte.
Auch Nadine weiß inzwischen, dass keiner das Recht hat, andere sexuell auszunutzen. Kein Vater, Opa, Bruder oder Trainer. Sie hat gelernt, Nein zu sagen und sich zu schützen. Sie lässt nicht mehr alles mit sich machen.
Vieles wurde ihr in der Gesprächsgruppe klar, denn schließlich ist es einfach Nicht normal, wenn Männer und Frauen Kinder missbrauchen.
Um dies alles zu begreifen und zu lernen, waren Nadine und Tina aber auf Hilfe von außen angewiesen. Allein wären sie nicht damit klargekommen.

TIPP

Missbrauchte Mädchen brauchen jemanden, dem sie vertrauen können, ohne dass sie etwas befürchten müssen.

Falls du (oder ein Mädchen, das du kennst) solche Probleme hast, dann wende dich an folgende Adressen. Dort wird dir eine Beratungsstelle mit Christen in deiner Nähe vermittelt:

Tipp

Adressen von Beratungsstellen für Frauen, Kinderschutzbund, Jugendamt etc., die in deiner Nähe sind, kannst du auch in der Zeitung oder dem Telefonbuch finden.

Therapeutische Seelsorge des EC-Landesverband Bayern, Michael Hübner, Lange Länge 26, 91564 Neuendettelsau, Tel.: 09874/ 66777

Klinik Hohe Mark, Friedländer Str. 2, 61440 Oberursel, Tel.: 06171/ 204-0

CHRIS, Christliches Sorgentelefon für Kids und Teens, Schützenstr. 35, 58511 Lüdenscheid, Tel: 01801/201020 (Montag – Samstag, 13.00 – 19.00 Uhr)

FREI-ZEIT

OKTOBER 1999 Woche 42

Termine Notizen

18 MONTAG

16.00 Uhr Karate
Dani anrufen!

19 DIENSTAG

14.30 Uhr Querflöte
19.00 Uhr Teesession
und Haare färben

20 MITTWOCH

Englischarbeit
Brief an Michael!
Hauskreis bei Andrea

OKTOBER 1999 Woche 42

Termine Notizen

21 DONNERSTAG

Kinderstundenvorbereitung
Joggen mit Paps

22 FREITAG

Geschenk kaufen für Kerstin
Babysitten

23 SAMSTAG

Zimmer aufräumen. Fete bei Kerstin

24 SONNTAG

Ausschlafen
17.00 Uhr Jesus-Abhängabend!

Saturday night?

Kennst du auch das Gefühl am Sonntagabend, dass das Wochenende nicht so toll war? Eigentlich hattest du dich darauf gefreut, aber irgendwie hast du die ganze Zeit vertrödelt. Was hast du an einem ganz normalen Wochenende vor? Was wirst du tun? Wird es langweilig, oder reicht die Zeit gar nicht für deinen Erlebnishunger?
Was steht an? Ausschlafen (ist ja logisch), Freunde treffen, etwas unternehmen, vielleicht ein aufregendes Date (?), Video ausleihen, Sport, ein tolles Buch in Angriff nehmen, einen Brief schreiben, für eine Schularbeit endlich mal intensiv lernen, Mithilfe im Haushalt, ein Nebenjob (z. B. Babysitten), um das Taschengeld aufzubessern, eine Aufräumaktion im eigenen Zimmer?

Tipp

Überlege einmal den großen Rahmen für deine Freizeitgestaltung und mache dann »Nägel mit Köpfen«. Steht etwas im Vordergrund, was du unbedingt tun wolltest oder dir vorgenommen hast? Mit dem Freitag fängt das Wochenende an!

Ines:

Mein typisches Wochenende?
Letzten Freitag stand ich wieder einmal vor der Frage: »Soll ich ein paar Freunde einladen, oder warte ich lieber? Manche kommen ja auch einfach so. Vielleicht rufe ich ja auch noch an! Aber erst schau ich mal ein wenig fern. Nächste Woche ist dann wieder Teenie-Kreis, und Ulla ist ja heute sowieso im Sportverein.«
Am Samstag habe ich dann ausgeschlafen. Am Nachmittag habe ich dann 'brav' meine Aufgaben im Haushalt erledigt und sogar noch für die nächste Bioarbeit gebüffelt!
Und dann: Samstagabend! Die ganze Woche warten wir eigentlich darauf. Diesmal gingen meine Freundinnen und ich nicht ins Café, um zu quatschen und Neuigkeiten auszutauschen. Auch Disco war bei uns nicht angesagt. Letzte Woche haben wir bei Tina eine private Modenschau abgezogen, die Fotos davon sind unbezahlbar!
Aber an diesem Abend standen Nudeln auf dem Programm. Ullas Mutter besitzt eine neue Nudelmaschine und hat sie uns für den Abend ausgeliehen. War das eine Pastaschlacht!

Aber der Abend mit meinen Freunden hat mir das Gefühl gegeben, mal alles um mich herum zu vergessen.
Nächstes Wochenende wollen wir dann den Geburtstag einer Freundin in ihrem Gartenhäuschen feiern. Da sind dann sicher auch Leute, die ich nicht kenne – ich bin schon mal gespannt, was dort abgeht.
Tja, am Sonntag stand ich dann vor der entscheidenden Frage: Ausschlafen oder mit zum Gottesdienst gehen ... Im Gottesdienst war es ganz gut, und danach konnte ich noch das Programm des nächsten Teenie-Kreises erfahren.
Am Nachmittag war dann Familienleben pur angesagt. So ein Familienkaffeeklatsch kann auch recht witzig sein!
Am Abend haben wir uns dann zusammen einen Film angesehen.
Schwups war das Wochenende dann auch schon vorbei – anstrengend, aber auch erholsam.
Und jetzt? Jetzt freue ich mich auf die nächste Woche ... und das Wochenende!

Freizeittipps

Freizeittipps

- Freunde einladen
- Freunde besuchen
- Jugendgottesdienst in der Region besuchen
- Schwimmbad
- Kino
- Eishalle
- Stadtbummel
- Fernsehen
- Solarium
- Kuchen backen oder ein tolles Kochrezept ausprobieren
- Hobby (Reiten, Joggen ...)
- besondere Veranstaltung (Theater, Konzert ...)
- Radtour mit Picknick
- Wanderung
- Bild malen, basteln ...
- Mit einer Freundin die Haare färben
- Familienbesuch (Oma, Opa, Tante, Onkel ...)
- Lesen
- Musik hören
- Video ausleihen
- Playstation-Spiele
- Gesellschaftsspiel mit Geschwistern oder Freunden

Ich liege auf meinem Bett, die Sonne scheint herein und ich bin ganz berauscht von dem Sound meines Lieblingsliedes. Es ist wie eine andere, wunderschöne Welt, in die ich eintauche.

My Jesus, my Saviour, Lord,
there is non like you;
all of my days I want to praise
the wonders of your mighty love.
Never cease to worship you.
Shout to the lord all the earth,
let us sing, power and majesty,
praise to the King.
Mountains bow down and the
seas will roar at the sound
of your name.
I sing for joy at the work ...

»Hey, Babs!«
Die Musik bricht ab, ich falle zurück in die Wirklichkeit und vor mir steht mein Bruder: »Du sollst runterkommen und Mama etwas helfen!«

Music in the air

- Musik ist eine faszinierende, erstaunliche, gewaltige Macht. Unfassbar, wie ein paar Töne eine Situation völlig umkrempeln können: Abspülen und Aufräumen macht plötzlich Spaß, wenn ich dabei aus voller Kehle die Hits von Maria Carey und Celine Dion mitgröle.
- Die missglückte Mathe-Arbeit ist viel schneller vergessen, wenn ich mir eine halbe Stunde lang die neuesten Chartbreaker in VIVA reinziehe.
- Die Texte meiner Lieblings-CD kann ich schon beim dritten Anhören mitsingen, obwohl ich es eigentlich hasse, Gedichte auswendig lernen zu müssen.
- Das schöne Kribbeln im Bauch, wenn ich an den Neuen aus der 10. Klasse denke, steigert sich ins Unermessliche, wenn ich die richtigen Lovesongs auf meinem Lieblingssender genieße.
- Die Müdigkeit in den Knochen ist schnell vergessen, wenn ich den CD-Player bis zum Anschlag aufdrehe und dann vor dem Spiegel ein paar Hip-Hop-Schritte ausprobiere.

Musik ist etwas Wunderbares, ein Geschenk nicht nur für die Ohren. Sie erreicht meine Gefühle, meine Stimmungen, meinen Bauch, mein Herz – und wenn sie richtig abgeht auch meine Beine, meine Arme, meinen ganzen Körper.

Ohne Musik wäre die Welt für mich halb so schön.
Sie weckt mich und hilft mir in den neuen Tag hinein, begleitet mich in meinem Walkman, läuft im Hintergrund im Schulbus, plärrt aus dem Ghettoblaster auf dem Schulhof, plätschert mir im Supermarkt entgegen, garniert den Schlemmerbecher für zwei im Eiscafé, bringt müde Mädchen und noch müdere Jungs in der Disco auf Trab und hilft beim Ruhigwerden und Einschlafen.

Wenn ich besonders schöne Dinge erlebe, höre ich gerne die passende Musik dazu: Beim Quatschen mit der besten Freundin, beim Feiern mit der Clique, beim Lesen meines Lieblingsbuchs, beim Gedichte- oder Tagebuchschreiben, beim Telefonieren mit dem Typen, der mich ins Kino einladen will, beim Träumen von ihm ...

Schrecklich wird es nur dann, wenn die falsche Musik zur falschen Zeit läuft: Marschmusik zum Aufwachen, Techno während der Hausaufgaben, Schmuseballaden bei der Gymnastik oder Metal beim Nachdenken – die Faust aufs Auge könnte nicht schlimmer sein!

Ich spüre, dass Musik etwas mit mir anstellt, dass sie mich erreicht, mich berührt, mich verändert. Oft tut mir das gut, manchmal stört es mich, wühlt mich auf, macht mich nervös, traurig, unruhig.

Genauso, wie ich nicht jedem Menschen meine tiefsten Geheimnisse verraten möchte, wie ich nicht jeden Schrott im Kino sehen will und mir auch meine Brieffreunde sorgfältig aussuche, genauso beschäftige ich mich auch mit der Musik, die ich an meine Ohren und mein Herz heran lasse und dröhne mich nicht einfach wahllos zu:

- Der Genuss wird größer, wenn ich mich nicht einer pausenlosen Geräuschkulisse aussetze, sondern mal bewusst ruhig bin und die Stille aushalte, dann mal wieder volle Kanne aufdrehe und schließlich ganz gewollt den Kopfhörer überstreife, um mich nur noch auf einen bestimmten Song zu konzentrieren.

- Popmusik ist meistens englisch, seltener deutsch. Meistens mache ich mir keine Gedanken über die Texte, manchmal fallen mir bestimmte Sätze oder Redewendungen auf. Was für ein Schrott wird da manchmal gesungen! Geistige Umweltverschmutzung – soll ich das wirklich wieder und wieder hören? Andere Texte finde ich stark, passend, toll formuliert. Die könnte ich mir doch abschreiben und z. B. im Tagebuch aufbewahren.

Tipp

Musik hören macht Riesenspaß – Musik machen noch viel mehr. Schon ein paar Gitarrengriffe reichen aus – schon kann ich mit etwas Geduld einen einfachen Popsong begleiten und dazu singen. Mit den anderen vom Jugendkreis zusammen macht's natürlich noch mehr Spaß. Im Jugendchor oder in der Band können solche Gaben weiter wachsen. Ich muss ja nicht gleich so berühmt werden wie Michael Jackson!

- Mancher Liedtext liefert mir gute Anregungen, macht mich auf ein Problem aufmerksam oder gibt mir gute Denkanstöße. Weil ich dazu lernen und bereichert werden will, wähle ich nicht nur nach der Musik aus, sondern achte auch auf die Texte. Eine Reihe aktueller Gruppen mit christlichen Interpreten haben da eine Menge zu bieten, von DC Talk bis WWMT, von Nimm zwei bis Amy Grant.

- Es gibt Leute, die hören grundsätzlich nur das, was alle hören. In ihren CD-Ständer sieht es auch wie in den gerade aktuellen Charts. Einen eigenen, persönlichen Geschmack entwickeln solche Leute oft nicht. Mir macht es Spaß, nicht nur Teil der breiten Hörermasse zu sein, sondern eigene Vorlieben zu entwickeln, mich für bestimmte Interpreten oder Musikstile zu interessieren, manche Titel zu entdecken, die gerade nicht voll im Trend sind.

Musik ist eine »Himmelsmacht« haben die Leute früher mal geschwärmt. Irgendwie haben sie Recht: Musik ist ein Teil der guten Schöpfung Gottes. Über einen Song, der mich begeistert, kann ich jubeln wie über einen wunderschönen Schmetterling oder einen starken Sonnenuntergang am Meer.

Wie gut, dass Menschen singen, musizieren, grooven, rappen, shouten und zuhören können.

Gott sei Dank dafür!

Idole

Die Fans rasen, heulen, schreien. Verzweiflung und Trauer machen sich breit. Sie können es nicht fassen – ihr Star ist tot. Viele kleiden sich ihm zu Ehren so, wie er sich kleidete: Hohe Stiefel, Lederhosen, gelbe Weste, blaue Jacke darüber. In diesem Outfit lassen sie ihren Tränen freien Lauf.
Manche sind so verzweifelt über den Selbstmord ihres Idols, dass sie zum Äußersten schreiten: Nachdem ihr großes Vorbild tot ist, wollen auch sie nicht länger leben. Wie er sterben sie durch eine Kugel, die sie sich selbst in den Kopf jagen.

Das alles ist ziemlich genau 222 Jahre her. Der Star damals war eine Figur aus einem Roman – doch der Tod im Buch löste echte Trauer und echte Selbstmorde aus. Der junge Werther, den Johann Wolfgang von Goethe damals dem lesebegeisterten Europa ans Herz schrieb, löste einen Sturm von Gefühlen aus, wie ihn heute wohl nur ein Herzanfall von Michael Jackson oder der Zerbruch der Backstreet Boys hervorrufen könnten.

Begeisterte Fans hat es zu allen Zeiten gegeben. Schon immer waren vor allem junge Leute von berühmten Vorbildern begeistert, fasziniert, bezaubert.
Warum? Vielleicht stellst du dir diese Frage einmal selbst:

- Warum ist mir mein Idol wichtig?
- Warum fasziniert er oder sie mich so?
- Was genau bewundere, verehre, liebe ich an ihr oder ihm?

Auf diese Fragen gibt es unterschiedliche Antworten. Eine wichtige Rolle spielen oft diese beiden Punkte:

Teenager suchen sich Idole, die das verkörpern, was sie selbst gerne wären

Stark, schön, sportlich, sexy usw. So zu sein wünschen sich vor allem die, die unter Pickeln leiden, ihre Nase zu dick finden, mit Bauch, Busen oder Begabungen unzufrieden sind.
Mancher Teenager kann seinen eigenen Anblick im Spiegel nicht ertragen und berauscht sich deshalb lieber am Idealbild, an den Traummaßen, am verführerischen Schmollmund des Idols. Voller Begeisterung für das Idol ahmen sie viele Eigenschaften des geliebten Stars nach: Sie verwenden die gleichen coolen Sprüche, tragen die gleichen Klamotten und die gleiche Frisur und bewegen sich möglichst genau so wie die Stars aus den Soapoperas oder den Charts.
Hinter der Begeisterung für den Star steckt nicht selten der stille Schrei: »Ich will keine graue Maus sein. Ich bin etwas ganz besonderes. Tief in mir steckt etwas von einem Serienhelden, von einer Tänzerin oder von einem Topmodel. Bitte schön, liebe Umwelt, übersieh mich nicht länger. Kapier's doch endlich und behandle mich entsprechend!«

Teenager sehnen sich nach der engen Gemeinschaft mit anderen Fans

Wer einen Star anhimmelt, himmelt ihn oft gemeinsam mit anderen Fans an. Beispiele dafür gibt's genug: Alle Mädchen der Clique finden »Touche« total süß und »Ingolf Lück« voll witzig – da will natürlich keine ausgeschlossen sein.
Dieses Gemeinschaftsgefühl der Fans drückt sich in gemeinsamen Gesten oder Ritualen aus: Zum Konzert, zum Fußballspiel oder zum Dance-Event reisen die Fans einheitlich gestylt. Jede Einzelne zeigt mit T-Shirt, Cap oder Turnschuhen: Ich gehöre dazu. Ich, mein Idol und all seine anderen Verehrerinnen – wir sind ein tolles, großes Team.

Übrigens:
Das Wort Idol stammt aus der griechischen Sprache, »idein« heißt sehen, erkennen, wissen. Wer sich ein Idol schafft, der möchte etwas Konkretes vor Augen haben, ein Bild von seinen Idealen, von seinem Lebensinhalt, von den Werten und Normen, nach denen er lebt. Einem Idol kann man nacheifern, man kann es lieben, verehren, anbeten und vergöttern. Ein Idol kann zum Gott werden – biblisch gesprochen: zum Götzen, an dem oder an dessen Bild sich der Fan festhält, von dem er sich Kraft, Mut, Zuversicht erhofft.
Fan, dieses Wort stammt ursprünglich aus dem religiösen Bereich. »Fanum«, so nennen die alten Römer den Tempel. Ein »Fanaticus« ist einer, der »von der Gottheit ergriffen und in rasende Begeisterung« versetzt worden ist.

Auch darüber lohnt es sich einen moment nachzudenken

- Werde ich von meinem Star in rasende Begeisterung versetzt?
- Erwarte ich von ihm eine Antwort auf die wichtigsten Fragen meines Lebens, z. B. auf die Frage nach meinem Selbstbewusstsein?
- Ist mein Idol für mich nur ein gutes Vorbild, oder übertreibe ich es mit der Verehrung?

Tipp

Nichts gegen gute Vorbilder, seien es Freunde, Verwandte, Musiker, Sänger oder Sportler. Doch wer zur reifen Persönlichkeit werden will, sollte lieber auf dem Teppich bleiben und nicht den Star auf die Nummer 1 seines Lebens setzen.

Hast du schon darüber nachgedacht?

Auf diesen Platz gehört nur einer: Gott, dein Schöpfer, der dich gemacht hat und dich mehr liebt, als irgendjemanden sonst. In seinen Augen bist du wertvoll, kostbar, etwas ganz Besonderes. Gott ist dein größter »Fan«, oder sagen wir besser: Dein innigster »Verehrer«. Seine Liebe gilt dir – trotz aller Pickel, Schuppen, Rettungsringe oder sonstiger Defizite. Er verspricht dir nicht den kurzen Kick oder das schnelle Hochgefühl – er bietet dir eine lebenslange, vertrauensvolle Freundschaft an. Weil er möchte, dass du aufblühst und dich entfalten kannst.

Auf dem Datenhighway

Kurz vor der Schule informiert sie sich auf einer Homepage in Amerika über die Wetterdaten. Im Informatik-Unterricht chattet sie mit einer Schulklasse irgendwo in Australien. Während sie sich ihre Pommes reinschiebt, sieht sie sich im world wide web ein paar interessante Seiten über ihren Lieblingsfilmstar Brad Pitt an. Nach den Hausaufgaben surft sie einfach so zum Spaß ein wenig hin und her und landet bei Songtexten von Oasis, die ein Fan in Japan ins Netz gestellt hat. Anschließend schickt sie ein paar E-Mails an ehemalige Schulfreundinnen, die inzwischen in Peru, der Türkei und in Honduras leben und beantwortet eine Message ihrer Mail-Partnerin aus Nigeria. Vor dem Einschlafen spielt sie mit einer Freundin in Köln im Internet ein neues Computergame.

Internet

Das Internet ist ihre Welt – obwohl die meisten Surfer und Chatter doch Jungs oder Männer sind. Macht ihr nichts, sie kann gut mithalten. Vom Computer aus zieht sie los und erobert sich diese Welt.

Sie hat begriffen: Eigentlich funktioniert das Internet nach einem ausgesprochen simplen Prinzip: Überall in der Welt stehen große Computer mit gewaltigen Speichermöglichkeiten herum – z.B. an Universitäten oder bei großen Unternehmen. Diese Computer sind miteinander »vernetzt«, d.h., sie können die Informationen, die sie gespeichert haben, aneinander weitergeben.
Wenn sich jemand in dieses »Netz« einklinkt, indem er mit seinem PC über ein so genanntes Modem und eine Telefonleitung bei einem dieser Großrechner »anruft«, dann wird er Teil des Netzes und kann sich Informationen besorgen oder selbst Informationen ins Netz hineingeben.

Am Anfang war sie noch verblüfft, als sie die vielen Möglichkeiten im weltweiten Netz ausprobierte: Inzwischen ist es für sie gar nichts Besonderes mehr

- elektronische Botschaften, so genannte E-Mails innerhalb von wenigen Sekunden rund um die Welt zu schicken. Viel schneller und viel billiger als Post oder Fax.
- Bankgeschäfte von Zuhause aus per Knopfdruck zu erledigen, z.B. nach dem Kontostand zu sehen und Geld zu überweisen.
- Daten rund um die Welt zu verschicken: Eine Tagebuch-Seite genauso wie einen Videoclip, den besten Titel ihrer Lieblings-CD genauso wie ein Familienfoto.
- mit Gesprächspartnern irgendwo in der Welt zu diskutieren. In so genannten »Chatforen« trifft sie sich mit anderen, um bestimmte Themen zu besprechen – oft auch in Englisch.
- quer durch die Millionen so genannter »Homepages« zu surfen, die wie eine unüberschaubar große Zusammenstellung bunter Kataloge, Bücher, Informationen, Briefe sind. Zu jedem Thema, in jeder Qualität. Im Internet gibt es nichts, was es nicht gibt.

Manchmal fühlt sie sich wie ein trockener Schwamm, wenn sie den Computer anschmeißt und sich einloggt. Dann möchte sie all das aufsaugen, was es im Netz zu holen gibt. Weil sie mit sich selbst nichts Rechtes anzufangen weiß, lenkt sie sich bei ihrer Surftour ab.

Doch nach einer Diskussion neulich in der Schule denkt sie an das, was sie über die negativen Seiten der Informationsflut gehört hat:

- Die unpersönliche Art der Kommunikation per Datenleitung kann ein Gespräch mit einem direkten Gegenüber nie ersetzen.
- Die Haltung, mit der sie stundenlang vor dem Monitor hockt, ist ziemlich ungesund.
- Die Spuren, die die Flut von unterschiedlichen Informationen, Bildern, Klängen im Kopf und in der Seele hinterlassen kann, lassen sich nicht einfach weglöschen.
- Der geistige Müll, der ihr auf mancher Homepage begegnet, schreit zum Himmel: Seiten von Rechtsradikalen und Pornoshops, von Pädophilen oder Anarchisten sind zwar selten, aber eben vorhanden.

So ist sie mit der Zeit nachdenklich und wählerisch geworden. Und vielleicht sieht ihre Internet-Zukunft ja etwa so aus:
Nicht mehr jeden spektakulären Schnickschnack holt sie sich auf den Schirm, sondern gezielt wichtige Informationen, die sie für die Schule, für ihren Jugendkreis oder für ihr Hobby brauchen kann. Gute christliche Zeitschriften hat sie entdeckt und Kontakt mit jungen Christen in Amerika aufgenommen, die aus ihrem Alltag erzählen und ihr Mut machen, den Glauben an Jesus nicht nur für sich selbst zu behalten. Durch die verschiedenen Links auf diesen Homepages hat sie interessante

Kontakte in verschiedene Gegenden der Welt aufgebaut. Ihre Mail-Freundin ist eine Studentin aus Nigeria – eines Tages möchte sie die persönlich kennen lernen und einen der Gottesdienste miterleben, von denen die Freundin so schwärmt.
Das Internet ist für sie kein Lebensinhalt mehr, sondern eine gute Möglichkeit, sich Infos zu beschaffen und Kontakte zu knüpfen.
Zur Zeit arbeitet sie gerade an ihrer eigenen Homepage.
Hier will sie anderen Mädchen Tipps geben, sie vor allzu viel Netzstunden warnen und viele gute Links empfehlen.
Außerdem will sie ihren Computer so programmieren, dass sie beim Einloggen immer erst auf die Homepage geführt wird, auf der die jeweilige Tageslosung zu lesen ist. Ein gutes Wort aus der Bibel – das hat schon manche ihrer Surftouren vom Start an in eine gute Richtung gelenkt!

No sports??

Was bedeutet dir Sport allgemein?

Ester (14; Volleyball):
Macht Spaß, einmal pro Woche habe ich etwas, das MIR Spaß macht.
Sabrina (16; Tanzen, Turnen, Skifahren):
Ist eine Freizeitbeschäftigung; man kann Selbstvertrauen durch die Leistung bekommen; man bekommt einen neuen Freundeskreis.
Kathrin (13; Volleyball):
Macht Spaß, ist aber nicht alles im Leben.

Steffi (18; Laufen, Volleyball):
Ausgleich, ablassen; einfach gut fühlen. Wenn man immer besser wird und die eigenen Rekorde schlägt, kann man stolz auf sich sein und es gibt Selbstvertrauen, was sich auf das gesamte Leben auswirkt. Und wenn man in einer Mannschaft spielt und sich mit allen versteht, gibt es einem das Gefühl, dazuzugehören und nicht allein dazustehen.
Veronika (17; Reiten):
Spaß, aus dem Alltagsstress herauskommen und entspannen, mich fit halten.
Kathrin (16; Turnen, Skifahren, Tennis):
Fit halten, Spaß haben.

Wie hast du deine Sportart gefunden?

Ester: Über eine Freundin, die im Verein spielt. Ich war an dem Vereinsspiel interessiert, ich wollte etwas lernen.
Sabrina: Durch meine Eltern. Meine Mutter war schon mit mir im »Mutter-Kind-Turnen«, weil ich zu Hause schon immer so viel herumgeturnt bin. Ski, weil meine Eltern das mal ausprobieren wollten.
Kathrin: Durch meinen Papa.
Steffi: Durch Ausprobieren.
Veronika: Bei anderen gesehen, die das machen; ich war beeindruckt und wollte das auch machen. Ich hab mit neun Jahren dann angefangen.
Kathrin: Durch Eltern und Freunde.

Was macht dir an deiner Sportart besonderen Spaß?

Ester: Dass ich überall mit vielen Leute spielen kann (Volleyball ist ein allgemein bekannter Sport); Mannschaftssportart. Man hat die Möglichkeit, auf andere Leute zuzugehen und sie mit in die eigene Gruppe hinein zu nehmen.
Sabrina: Erfolg macht Spaß; die Geschwindigkeit und Wendigkeit macht Spaß; man hat Freunde, mit denen man zusammen ist.
Kathrin: Die Gemeinschaft beim Spiel.
Steffi: Wenn ich allein laufe, kann ich viel nachdenken und mir die Gegend angucken. Wenn man mit mehreren läuft, kann man sich gegenseitig motivieren. Beim Volleyball lernt man immer dazu, besonders wenn man mit Leuten zusammen spielt, die besser sind als man selbst.
Veronika: In der Natur zu sein. Man entwickelt einen »Bezug« zum Pferd.
Kathrin: Gemeinschaft beim Tennis. Schnellsein, Gewinnen, Ehrgeiz beim Skifahren. Kunstturnen ist eine Besonderheit.

Eine Klassenkameradin fragt dich: »Wie finde ich die Sportart, die zu mir passt?« Was würdest du ihr antworten?

Ester: Vom Sportunterricht ausgehen: Was ihr Spaß macht, darüber sollte sie sich weiter informieren und herausfinden, welche Möglichkeiten es an ihrem Ort dafür gibt.

Sabrina: Ich würde sie mitnehmen in meine Sportart, z. B. Turnen, weil man für sich allein den Sport und den Erfolg hat. Wenn kein ausreichendes Talent da ist, würde ich sie eher zum Mannschaftssport schicken. Oder wenn sie Pferde liebt, zum Pferdesport.
Kathrin: Weiß ich nicht.
Steffi: Informiere dich über die verschiedenen Sportarten und was dich anspricht – einfach ausprobieren. Wenn du das Passende gefunden hast, dabeibleiben und nicht nach dem ersten großen Muskelkater aufgeben! Es ist auch schön, zwei Sportarten nebeneinander zu betreiben, die aber im Zusammenhang stehen, z.B. Jogging und Fußball.
Veronika: Sportarten ansehen; Schnupperstunden nutzen.
Kathrin: Informieren, ausprobieren und eigene Erfahrungen weitergeben.

Als ich in meiner Schule in die 8. Klasse ging, mussten wir alle eine AG (Arbeitsgemeinschaft) wählen. Ich entschied mich für Jazz-Gymnastik, was dort auch zum ersten Mal angeboten wurde. Eigentlich wusste ich überhaupt nicht genau, worum es ging; aber vom Namen her schien es mir sympathischer zu sein als z. B. Leichtathletik. Im Großen und Ganzen war ich im Sport nämlich eine ziemliche Null.
Komisch fand ich, dass dieser »Sport« mit Tanz und Gymnastik, mit Rhythmus und Choreographie zu tun hatte. Aber die Musik machte mir Spaß! Bald merkte ich, dass das GANZE Spaß machte!

Es war etwas völlig anderes als der normale Schulsport – außerdem gab es keine Noten! Und irgendwie war auch alles o.k. so, wie ich es machte. Von nun an freute ich mich am meisten auf die zwei Stunden am Mittwochnachmittag. Ab und zu hatten wir Vorführungen auf irgendwelchen Festen, für die natürlich besonders geübt wurde. Dadurch ergab sich eine richtig gute Gemeinschaft mit den anderen Mädels; man sah sich noch öfter und hatte ein gemeinsames Ziel.
Leider gab es eine solche AG auf der weiterführenden Schule, auf die ich nach der 10. Klasse wechselte, nicht. Aber ich hatte Glück, meine Lehrerin unterrichtete einen Jazz-Kurs im Rahmen der Volkshochschule einige Orte weiter. Da fuhr ich dann mit einer Freundin zusammen jede Woche mit dem Rad hin – eine Stunde übers Feld!
Im Winter war das nicht mehr zu schaffen, womit meine sportliche Karriere fürs Erste beendet war. Schade!
Ich glaube, mir war damals gar nicht klar, wie wichtig diese Zeit für mein Selbstbewusstsein war.
Lange Zeit war dann Flaute, Ausbildung usw. Aber rückblickend auf diese guten Erfahrungen fing ich doch irgendwann wieder einen Gymnastikkurs an. Zur Zeit bin ich beim Stepptanz hängen geblieben – ich habe wieder eine Kombination aus Rhythmus, Choreographie, Tanz und Ausdruck. Aus meiner Erfahrung kann ich nur sagen: Das Fieber bleibt!!!

Tipp

Die Art und Weise, wie man zu »seiner« Sportart findet, mag sehr unterschiedlich sein: Die Eine rutscht vielleicht per Zufall hinein (so wie ich), die Andere überlegt genau, was zu ihr passt; die Dritte wird vielleicht von ihrer Freundin abgeschleppt – in jedem Fall kann man seinen Horizont erweitern. Und vielleicht den Grundstein legen für eine lange Leidenschaft!

Also nichts wie Sport »ran an den Sport«!

Falls du keine sportbegeisterte Freundin in der Nähe hast, die dich gleich zum Schnuppern mit in ihren Verein nehmen kann, habe ich hier zwei Adressen. Dort helfen sie dir sicher gerne weiter, deine Idee am Ort oder in der Nähe zu verwirklichen:

Deutscher Sportbund, Otto-Fleck-Schneise 12,
60528 Frankfurt, Tel.: 069 / 67000
Der Deutsche Sportbund ist der Dachverband des gesamtdeutschen Sportgeschehens. Er kann auf Anfrage weitere regionale Vereine nennen, wenn du sagst, wo du wohnst und welches deine Sportart ist.

Außerdem hilft dir auch gerne:
SPORTLER RUFT SPORTLER e.V., Kölner Straße 23a,
57610 Altenkirchen, Tel.: 02681 / 941150,
Fax: 02681 / 941151, Internet: http://srs.neues-leben.de,
E-Mail: srs@nlgruppe.de
Sportler ruft Sportler ist ein Verein, der über den Sportbund Rheinland dem Deutschen Sportbund angeschlossen ist. Er bietet aber überregional in vielen verschiedenen Sportarten Lehrgänge zur sportlichen und geistlichen Förderung an und kann bestimmt auch bei deiner Suche behilflich sein.
Viel Erfolg!

Alles Glück dieser Erde?

Gehörst du auch zu den Mädchen, die am liebsten im Stall übernachten – oder noch besser auf einem Reiterhof wohnen würden?
Da bist du mit deiner Vorliebe ganz und gar nicht allein.

Wusstest du schon?

- Equitana ist die weltweit größte und bekannteste Messe über Pferde und Reiterei und findet alle zwei Jahre im Frühjahr in Essen statt.
- Die Bezeichnung für Pferde wie Schimmel, Rappe, Fuchs, Brauner, Isabelle, Falbe und Schecke richtet sich nach der Farbe und den Abzeichen des Fells.
- Die Abzeichen am Kopf haben eigene Bezeichnungen: Flocke, Blume, Schnippe, Stern, Laterne u.a.
- Das Brandzeichen der deutschen Pferde- und Ponyzuchtverbände befindet sich auf dem linken Hinterschenkel.
- Es gibt Jugendherbergen, die mit dem Reitsport in Verbindung stehen (Informationen: Deutsches Jugendherbergswerk, Bülowstr. 26, 32756 Detmold). Auch die Organisation »Sportler ruft Sportler« unterhält einen Bereich 'Pferdesport' (Informationen: Sportler ruft Sportler, Kölner Str. 23 a, 57610 Altenkirchen, Tel.: 02681/941150).
- Das Deutsche Reiterabzeichen kann in folgenden Kategorien erworben werden: Kleines Reiterabzeichen, Bronze, Silber und Gold.

ZAHLEN – ZAHLEN – ZAHLEN

- Ca. 600 000 Freizeitpferde gibt es in Deutschland.
- In Württemberg z.B. sind 420 Reitvereine zu finden.
- Ca. 5 Milliarden DM werden jedes Jahr für die Pferde umgesetzt.
- Für (mögliche) Pferdebesitzer entstehen nicht nur die Kosten der Anschaffung, sondern dann auch laufende Kosten für Stallmiete, Tierarzt, Futter, Versicherung und Hufschmied.

Heute hat mich Tante Berta schon wieder komisch angequatscht: »Und was willst du einmal werden, Kleines?«
So langsam gehen die mir alle furchtbar auf den Keks.
Warum soll ich mir heute einen Kopf darüber machen, was ich in drei Jahren lernen will?
Ich hab überhaupt keine Ahnung. Und in eine bestimmte Richtung lasse ich mich sowieso nicht drängen.
Papa meint natürlich, es sollte etwas Solides sein, Mama will mir etwas Hauswirtschaftliches aufdrücken – und ich?
Was will ich eigentlich?

Typisch Mädchen?

Vielleicht bist du immer wieder dabei, dich zu fragen, welcher Beruf zu dir passt.
Manchmal sind auch die Schulpraktika der erste Anstoß dazu, sich mit dieser Thematik auseinander zu setzen.
Trotz der leider ungünstigen Ausbildungssituation brauchst du den Kopf nicht hängen zu lassen.

Flexibilität und Mobilität sind heute gefragte Voraussetzungen, um an einen Ausbildungsplatz zu kommen. Unter Umständen kannst du nicht unbedingt in deinem 'Traumberuf' einen Ausbildungsplatz bekommen. Aber vielleicht gibt es doch noch zwei oder drei andere Berufe, die dich interessieren.
Die heutige Arbeitsmarktsituation zeigt immer deutlicher, dass Männer und Frauen nicht mehr ihr Leben lang im gleichen Betrieb oder dem gleichen Beruf bleiben.

Experten gehen sogar davon aus, dass viele Erwerbstätige am Ende ihres Arbeitslebens bis zu drei verschiedene Berufe ausgeübt haben.

TIPP

Liste dir doch in einer ruhigen Stunde einmal auf, welche Aufgaben dir Freude machen, welche Begabungen dir Gott 'in die Wiege gelegt hat' – oder auch welche Begabungen du mit seiner Hilfe noch entdecken und ausbauen könntest.

Manche Berufsberatungen der Arbeitsämter bieten Informationsberatungen nur für Mädchen an. Hierbei werden bevorzugt 'Männerberufe' vorgestellt. Meist erzählen Frauen, die in diesen Berufen arbeiten, von ihren Erfahrungen. Manchmal ist auch ein 'Schnuppertag' in einem solchen Beruf möglich.
Erkundige dich doch bei deinem für dich zuständigen Arbeitsamt (Berufsberatungsstelle) nach einem solchen Angebot. Möglicherweise hat auch deine Lehrerin oder dein Lehrer ein offenes Ohr für solch ein Anliegen und ist den Mädchen deiner Klassenstufe behilflich.
Also – fragen kostet nichts!

TIPP

Sicher gibt es typische Mädchenberufe, aber genauso sind Mädchen in für sie 'untypischen' Berufen erfolgreich. Lass dich also nicht abschrecken, wenn sich für 'deinen' Beruf fast nur Jungs bewerben.

Die Broschüre »Ausbildung und Beruf. Rechte und Pflichten während der Ausbildung« enthält auch eine Liste von Ausbildungsberufen. Du kannst sie dir kostenlos bestellen (Bundesministerium für Bildung, Wissenschaft, Forschung und Technologie, Broschürenstelle, 53170 Bonn).
Und wenn du dann daran gehst Bewerbungen zu schreiben, kann dir die Broschüre »Richtig bewerben – aber wie?« vielleicht wertvolle Tipps bieten. Du erhältst sie kostenlos bei jedem Arbeitsamt.

Kennst du die folgenden Berufe?

- *Fachangestellte für Bäderbetriebe / Meisterin für Bäderbetriebe:* Betreuung und Wartung der technischen Anlagen eines Schwimmbades; Wasseraufsicht, Animation der Badegäste ... (Informationen: Bundesverband öffentlicher Bäder e.V., Alfredstr. 73, 45130 Essen, Tel.: 0201/87969-0)
- *Pferdewirt*: nach der Grundausbildung erfolgt die Spezialisierung in einer der vier Fachrichtungen Reiten, Rennreiten, Trabrennfahren, Zucht und Haltung (zentrale Fachvermittlungsstelle: Arbeitsamt Verden, Lindhooper Str. 90, 27283 Verden /Aller, Tel.: 04231/8090)

GOTT UND DIE WELT

Jesus, ich bin mal wieder total down, weil ich einfach nicht mit meinem Leben klar komme. Du weißt, dass ich dich lieb habe und das tun will, was du möchtest.

Aber ich bin so unsicher, ob ich auf dem richtigen Weg bin. Dein Wille ist manchmal so schwer zu erkennen. Wenn ich mich ins Lernen reinhänge, jammern meine Freunde, weil ich keine Zeit für sie habe. Und Julia braucht mich im Moment so dringend.

Investiere ich aber mehr Zeit in Beziehungen, komme ich wieder in Lernstress. Wenn ich mich voll in der Gemeinde engagiere, habe ich kaum Zeit für mich selbst und komme nicht zum Bibellesen. Aber das ist mir auch total wichtig, ich brauche die Zeit mit dir!

Und außerdem sollte ich ja auch noch Zeit für Christian haben. Er beschwert sich sowieso, dass ich mich nicht genug um unsere Beziehung kümmere. Aber – ist er überhaupt der Richtige für mich? Woher weiß ich, wie du zu dieser Freundschaft stehst?

Fragen über Fragen und ich weiß einfach keine Antwort.

Bitte hilf mir doch, dass ich wieder ein bisschen klarer sehe.

Ich brauche dich total und verlasse mich auf dich!

»Zukunft«

Ich möchte euch von einem Mädchen erzählen. Viele, die sie irgendwann kennen lernten, waren von ihrer Art beeindruckt. Sie war ausgesprochen lebensfroh und lustig. Sie war sportlich, spielte Tennis und schwamm gern. Sie machte Musik und unternahm manches Außergewöhnliche. 15 Jahre alt war sie, als sie uns zum ersten Mal ihr Erlebnis erzählte.
Wenigstens sprach sie von einem Erlebnis. Wir nannten es bald eine »Geschichte«, denn uns war klar, dass sie sich da selbst etwas ausgedacht haben musste, oder dass sie das Ganze nur geträumt hatte und es irgendwann für Wirklichkeit hielt. Auf jeden Fall sagte sie immer: »Das habe ich erlebt!« – und ich glaubte seither, dass man eben auf ganz verschiedene Art und Weise etwas Wichtiges **erleben** kann.

Wenn sie ihre Geschichte erzählte, dann war mir nie ganz klar, wo sie eigentlich spielte. In einem fremden Land oder in einer anderen Zeit – oder in einer Traumwelt. Das Mädchen erzählte von einem großen Park inmitten einer Stadt. Sie befand sich ganz plötzlich in diesem Park und schlenderte einen Weg entlang. Viele Leute begegneten ihr, von denen sie niemand kannte. Alle gingen vorbei, ganz mit sich selbst beschäftigt. Niemand blieb stehen.
Ihr war jetzt nach Reden zumute, aber wen sollte sie ansprechen? Am Wegrand stand eine Bank, auf die sie sich setzte, um auszuruhen und nachzudenken. Sie musste ihre Gedanken erst einmal neu ausrichten. Da merkte sie auf einmal, dass neben ihr eine alte Frau saß. Ganz plötzlich war sie da. Das Mädchen musterte sie und schaute ihr in die Augen. Eigenartig, diese völlig fremde Frau kam ihr merkwürdig bekannt vor. Besonders diese Augen schien sie irgendwoher zu kennen.

Die Alte blickte ihrerseits das Mädchen an und fragte plötzlich: »Wo kommst du her?« – Eine ganz einfache Frage, normalerweise. Aber in diesem Augenblick war das Mädchen unsicher. Wo kommst du her? Ob sie die Stadt meint, aus der ich komme? Oder ob sie etwas ganz anderes meint?
Die Alte musste ihre Gedanken erraten haben. Sie stellte eine neue Frage. »Was tust du so zur Zeit?« Das Mädchen hatte auch jetzt den Eindruck, nicht antworten zu können. Aber dann fing sie an, von der Schule zu erzählen, von ihren Freunden, von dem Sportverein; sie erzählte von der Sommerreise und von der Musik. Die Alte hörte die ganze Zeit aufmerksam zu. Endlich sprach sie wieder. Sie kniff die Augen leicht zusammen und fragte weiter: »Und was willst du in der Zukunft tun?« Das Mädchen berichtete erst stockend, dann immer fließender. Von ihrem Traumberuf, von vielen Reisen. Sie wollte die Welt kennen lernen.

»Kennen lernen?«, hakte die Alte nach und hörte dann wieder aufmerksam wie vorher zu. Das Mädchen sprach von Plänen, in einem Orchester mitzuspielen, segeln zu lernen. Viele Menschen wollte sie kennen lernen. Und dann später heiraten und eine Familie gründen. Ein gutes Familienleben führen. Und weiter Sport treiben. Gesund und leistungsfähig wollte sie bleiben. Und weiter den Beruf ausüben – zuerst halbtags und später wieder ganz.

Die Alte sah nachdenklich aus. Als das Mädchen endete, da sprach sie von sich selbst. »Weißt du – als ich so alt war wie du, da hatte ich genau die gleichen Pläne, glaube ich. Sport und Musik und Beruf und Familie – große Pläne hatte ich. Als ich 19 war, da verletzte ich mich im Urlaub, und seitdem muss ich beim Gehen einen Stock benutzen. Mit 28 heiratete ich – mein Mann starb vor 12 Jahren. Kinder wollten wir nicht. Meine Freunde von früher habe ich aus den Augen verloren, oder sie sind gestorben. Weißt du – meine Pläne, die waren schön, so wie deine. Aber es waren Pläne wie Seifenblasen, die irgendwann zerplatzten. Es waren Pläne, die mich nicht glücklich machten!«

Das Mädchen wurde jetzt lebendig. So etwas könnte ihr nicht passieren, meinte sie. Ihre Pläne, die habe sie sich wohl überlegt.

Die Alter ergriff wieder das Wort: »Weißt du – meine vielen Pläne waren immer für den Augenblick gut. Und erst viel später merkte ich, dass man darauf kein Leben aufbauen kann. Heute frage ich mich nur noch eins: Was ist eigentlich wichtig im Leben? Welche Pläne lohnen sich eigentlich? Was ist wichtig fürs Leben und nicht nur für den Augenblick?«

Das Mädchen dachte nach. Irgendwie tat ihr die Alte Leid. Das muss schlimm sein, wenn alle Pläne wie Seifenblasen zerplatzt sind. Eine armselige Alte, der so wenig vom Leben geblieben ist.

Die Alte erriet auch diesmal die Gedanken des Mädchens. »Weißt du – es wäre gut, wenn du wüsstest, was wichtig ist im Leben. Wenn du etwas hättest, was nicht nur im Augenblick gut erscheint, sondern immer. Sonst hast du später, wenn du so alt bist wie ich, auch gar nichts

mehr. Sonst ist dein Leben auch leer, so wie meines. Suche eine Antwort auf die Frage, was wichtig ist im Leben und was immer zählt, nicht nur heute!«
Das Mädchen musste etwas lächeln. So wie diese Alte, so verbittert, würde sie bestimmt nicht werden. Sie schaute ihr noch einmal in die Augen – in diese alten Augen. Und mit einem Mal kam ihr ein schrecklicher Gedanke. Diese Augen – die muss sie schon tausendmal gesehen haben. Diese Augen! Wie zur Überprüfung des Entsetzlichen – das doch nicht wahr sein durfte – fragte sie die Alte nach ihrem Geburtstag. Die Alte sagte den Tag und den Monat und das Jahr. Es war der Geburtstag des Mädchens!

Wo geht's lang?

Ein herrlicher Sommertag, genau richtig für eine Radtour. Ein Badesee in 10 km Entfernung ist das ideale Ziel. Fast alle aus unserer Clique fahren mit. Einige fahren schneller – klar, wenn man auf einem super Mountainbike sitzt. Wir zuckeln gemütlich hinterher, weil wir uns viel zu erzählen haben. Plötzlich eine Weggabelung – links oder rechts? Meine Freundin und ich schauen uns ratlos an. Wo geht's lang? Zum Glück haben wir eine Karte dabei und gemeinsam suchen wir den Weg zum Badesee.

Das Ziel kennen

Nur wer den Weg kennt, kommt ans Ziel. Wie werden die nächsten Jahre in deinem Leben aussehen? Wo geht's lang?
In den nächsten Jahren stehen einige wichtige, sogar ganz wichtige Lebensentscheidungen an.
Du wählst dir deinen Beruf, deinen Freundeskreis, den Freund, vielleicht auch einen neuen Wohnort, eine andere Umgebung?
Und Gott? Spielt er in deinem Leben auch eine Rolle? Einige lernen es von Kindheit an, »mit« Gott zu denken, d.h., sie haben Vertrauen zu Gott und beten zu ihm. Andere fragen: Woher komme ich? Wozu bin ich da? Vielleicht stoßen sie dabei auch auf Gott. Aber eine gemeinsame Frage haben beide: Wo geht's lang? Wohin gehe ich?
Um das herauszufinden, müssen wir uns auf Gott einlassen. Die Bibel hilft uns dabei. Sie ist wie eine Straßenkarte, die mir hilft, das Ziel zu finden. Wenn ich mich von Gott führen lasse, werde ich das Ziel meines Lebens finden.

Verschiedene Wege führen zum Ziel

Wenn Gott mich geschaffen hat – und davon bin ich überzeugt, dass ein so kompliziertes Wesen nicht durch einen Urknall entstanden ist – wenn er also mein Schöpfer ist, dann hat er auch ein Ziel für mein persönliches Leben. Mein Leben soll sich so entfalten, dass es für mich und andere zum Besten wird. Manche Menschen denken, das Leben mit Gott läuft dann nach einem festen Fahrplan oder wie auf einer Schiene ab. Sie meinen, Gott hat einen Plan, der läuft auf jeden Fall ab. Ich glaube schon, dass Gott weiß, wie und auf welchen Wegen er uns zum Ziel bringen will. Aber er behandelt uns nicht wie Marionetten, sondern wie Partner, die ihren eigenen Weg mit Gott finden können und sollen. Wie bei einer Fahrradtour kann man auf verschiedenen Wegen zum Ziel kommen. Wir gestalten mit dabei und dürfen unsere Wünsche und Gedanken im Gebet mit Gott entwickeln. Aber immer wieder müssen wir das Ziel im Auge behalten.

Übrigens kann die ursprüngliche Bedeutung des Wortes Sünde aus dem Griechischen mit »Zielverfehlung« übersetzt werden. Sünde heißt also: Ich habe das Ziel nicht erreicht, das Gott für mich hatte. Umleitung ist nicht ausgeschlossen.

Entfaltung des Lebens – nicht Einengung

Die meisten Menschen wollen so ganz ohne Gott nicht leben. Aber ganz mit Gott leben wollen sie auch nicht. Viele Jugendliche haben die leise Furcht und manche äußern sie zum Glück auch laut: Mein Leben wird eingeengt, öde, total langweilig, wenn ich mich ganz an Gott binde. Als Christ muss man doch auf alles verzichten, oder?
Auch im Christsein geht es nicht ohne Verzicht und Anstrengung. Bei der einen heißt Verzicht, »lös dich mal von deinem falschen Selbstbild, dass du überall die Schönste und Beste sein musst«, bei der anderen heißt es, »setz dich mal ab von Freunden oder Lehrern, die dich negativ beeinflussen«, andere müssen mal ihre Bequemlichkeit aufgeben und für andere was tun. Es ist ganz unterschiedlich, was Gott da jedem klarmacht, der ernsthaft seinen Willen tun will. Aber es lohnt sich immer für das Ziel.

Gott will unsere Gaben und Talente sichtbar machen, zum Einsatz bringen.
Vielleicht wird die eine engagierte Wissenschaftlerin, die andere eine gut organisierte Kauffrau oder eine einsatzbereite Sozialpädagogin.
Auch die Gaben als Familienfrau und Mutter sollten wir nicht vergessen. Sie kommen auf die meisten Mädchen irgendwann einmal zu.

Wo geht's lang? Das wussten schon die Leute, von denen in der Bibel erzählt wird. Z. B. David, der wusste, dass er Gottes Hilfe nötig hatte, um zu wissen, wo es lang geht. Deshalb betet er: »Weise mir, Herr, deinen Weg, daß ich wandle in deiner Wahrheit; erhalte mein Herz bei dem einen, daß ich deinen Namen fürchte« (Psalm 86,11).

Teach me your way, o Lord, and I will walk in your truth; give me an undivided heart, that I may fear your name. (Psalm 86,11 – New life bible)

Tipp

Nützliche Hinweisschilder für dein Leben:
Herr, zeige mir den richtigen Weg, damit ich in Treue zu dir mein Leben führe! Lass es meine einzige Sorge sein, dich zu ehren und dir zu gehorchen (Psalm 86,11 – Gute Nachricht-Bibel)

Wofür lohnt es sich zu leben?

Für mich gab es einmal ein ganz einschneidendes Erlebnis, durch das ich gezwungen wurde, über meine Lebensziele nachzudenken. Ich war 19 Jahre alt, als mein Vater mit 45 Jahren auf dem Zebrastreifen von einem Auto erfasst wurde und dadurch so lebensgefährliche Verletzungen erlitt, dass er drei Tage später starb.
Diese Tage um den Tod herum und danach haben sich in mein Bewusstsein tief eingeprägt. Das Erlebnis mit dem Tod hat für mein Leben eine Neuorientierung bewirkt.
Ich erinnere mich noch gut daran, wie ich mich damals auf dem Heimweg gefragt habe: Für was lohnt es sich eigentlich zu leben? Und dabei fiel es mir wie Schuppen von den Augen, dass all diese Dinge wie Erfolg oder Geld oder Ansehen oder Besitz oder das, was andere über mich denken im Angesicht von Tod und Ewigkeit überhaupt nicht zählen. Was wäre, wenn ich so mitten aus dem Leben herausgerissen würde?

Reichtum

Wohlstand und Reichtum, das ist etwas, was sich jeder Mensch wünscht. Was würdest du tun, wenn du reich wärst? Vielleicht Urlaub machen, ein Roller, tolle Klamotten, fetzige Möbel kaufen, ein kostspieliges Hobby, ein tolles Surfbrett oder ein Top-Fahrrad? Geld würde jedenfalls keine Rolle spielen. Das wäre doch toll, oder?
Aber macht Reichtum glücklich? Macht Wohlstand das Leben lebenswert?
Ich denke da an eine ehemalige Millionärin, sie hatte alles, was sich der Mensch erträumen kann. Sie fand das alles sicher auch super. Als ihr Mann alkoholkrank wurde, suchte sie Halt in ihrem Leben. Der Reichtum gab ihr keinen – das Leben schien leer und sinnlos. Sie fand erst wieder Sicherheit in ihrem Leben, als sie zum Glauben an Jesus kam. Ihr Geld hat sie verschenkt und arbeitet heute in einem Jugend-Café für Drogenabhängige und anderweitig gefährdete Jugendliche.
Nach dem plötzlichen Tod meines Vaters habe ich mich gefragt, welchen Wert eigentlich Reichtum hat. Mir wurde klar: Wir können unseren Reichtum nicht mitnehmen.
Viele Menschen haben zwar Geld, aber sie haben sich deswegen zerstritten und sind im Unfrieden mit ihren nächsten Menschen gestorben. War das ein erfülltes und glückliches, eine lebenswertes Leben?
Was meinen Vater betrifft: Er hat sein Geld oft dafür eingesetzt, um anderen Menschen zu helfen. So hatte er Frieden mit sich und seinen Mitmenschen.

Erfolg und Anerkennung

Erfolg ist wichtig in unserer Gesellschaft. Dauernd wird uns eingeflüstert: Du bist das wert, was du leistest. Du bist nicht unbedingt an sich wertvoll, sondern erst dann, wenn du entsprechende Leistungen bringst.
Wir messen den Wert eines Menschen an seiner Leistung. Und wir messen uns auch selbst an diesen Punkten. Wir vergleichen uns mit den Stars, mit den Erfolgreichen – ganz gleich, ob es Menschen aus Sport, Kultur, Politik oder Werbung sind.

Vielleicht vergleichst du dich auch mit einem Mädchen aus deiner Klasse, das du so sehr bewunderst, und du möchtest so sein wie sie.
Wer Erfolg haben will, der muss immer darauf bedacht sein, auch einen guten Eindruck zu machen, er oder sie darf keine Fehler machen, keine Schwächen zeigen.
Gott sieht uns und unseren Wert nicht so. Er sagt zu uns: Du bist geliebt, so wie du bist. Du bist einmalig – in jeder Beziehung. Ich messe deinen Wert nicht an deiner Leistung, sondern du bist wertvoll, weil ich dich liebe. Ich habe dich erschaffen und dich gewollt und meine Liebe macht dein Leben wertvoll.

Lust und Genuss

Wer möchte nicht Fun, Lust, Abenteuer und Spaß, Zufriedenheit und Glücklichsein?
Aber was hat Wert? Was macht ein Leben erfüllt, schön und spannend?
Was ist, wenn mir jemand den »Spaß«, die Freude verderben will?
Was ist, wenn ich nicht »gut drauf bin«?
Wenn ich schwer krank werde, meine Familie in Not ist, meine Freunde nicht zu mir halten.
Dann brauchen wir bleibende Freude. Freude, die nicht von Extremerlebnissen abhängig ist, Freude, die auch in schwierigen Situationen bleibt!
Gott, der unser Leben gegründet hat, gibt uns diese bleibende Freude. Freude, die Halt und Orientierung gibt, die mein Leben abwechslungsreich und spannend machen kann.

Gesundheit

Wir leben in einer Gesellschaft, in der Gesundheit und das körperliche Wohlergehen fast das Wichtigste ist, was Menschen angeblich besitzen können. Ist die Gesundheit der oberste Wert unseres Lebens?
Aber was ist dann mit körperlich oder geistig Behinderten?
Das Leben eines kranken Menschen ist doch genauso wertvoll wie das

eines gesunden Menschen.
Gesundheit ist wichtig und wertvoll, aber sie ist nicht das Wichtigste überhaupt.
Ich darf wissen, dass Gott mir gerade dann, wenn ich krank bin, wenn es mir nicht so gut geht, ganz nahe sein will – weil er mich kennt und (dennoch) liebt!

TIPP

Wenn ich all das begreife, kann sich in meinem Leben eine Dankbarkeit, Zufriedenheit und Gelassenheit breit machen. Wenn Gott mein Leben an die Hand nimmt und ich mich ihm anvertraue, dann wird mein Leben erfüllt und voller lohnender Ziele.

Schönheit

Auch für Schönheit zahlen wir oft einen hohen Preis. Wir denken, dass unser Leben seinen Sinn erhält in der Wirkung und Ausstrahlung, die wir nach außen haben. Natürlich ist es wichtig, dass wir auf unsere Schönheit achten und es kann sehr hilfreich sein, zu entdecken, welche Farben mir stehen und welcher Stil, welche Frisur und welche Schminke zu mir passt.
Aber Schönheit ist kein Dauerzustand, sondern vergänglich – und kann deshalb keine letzte Sicherheit geben.
Wahre Schönheit kommt von innen – heißt ein Sprichwort und da ist viel dran! Sie kommt von innerer Ausgeglichenheit, von Zufriedenheit und Hoffnung.
Und Schönheit ist immer ein Geschenk von Gott.
Entdecke deine ganz persönliche Schönheit und freue dich darüber!

Jerusalem News

Judäa kommt nicht zu Ruhe. Immer wieder gibt es Unruhen im Zusammenhang mit Jesus von Nazareth.
Manche halten ihn für einen Lehrer, andere für einen Propheten im Range eines Elia, er selbst behauptet von sich, Gottes Sohn zu sein – für viele eine Gotteslästerung. Wie auch immer – außergewöhnlich ist dieser Jesus auf jeden Fall und auch immer für außergewöhnliche Ereignisse gut.

Vor einer Woche kam es vor dem Tempel zu einem eindrucksvollen Zeugnis seiner Stärke: eine Frau, direkt beim Ehebruch ertappt, sollte, wie es das Gesetz fordert, gesteinigt werden. Wie nun bekannt wurde, nützten dies einige Pharisäer und Schriftgelehrte aus, um die Gesetzestreue von Jesus zu überprüfen. Sie fragten Jesus, wie er in diesem Fall handeln würde. Wie immer reagierte dieser unkonventionell: er schrieb in den Sand. Nach weiterem Drängen richtete er sich jedoch auf, sah die Männer an und sagte: »Wer von euch noch nie gesündigt hat, der soll den ersten Stein auf sie werfen.«

Dann bückte er sich aufs Neue und schrieb weiter.

Nach Minuten betroffenen Schweigens legte ein Ankläger nach dem anderen seinen Stein nieder und ging davon.

Erst gestern ist es uns gelungen, eine Stellungnahme der betroffenen jungen Frau zu erhalten:

Frau S., Sie haben sozusagen ein Todesurteil überlebt. Können Sie uns nähere Einzelheiten dazu erzählen?

Nachdem alle meine Ankläger verschwunden waren, richtete sich der Rabbi Jeschua (unseren europ. Lesern als Jesus bekannt) auf, sah mich an und fragte mich – nie werde ich diese Worte vergessen – : »Wo sind denn deine Ankläger geblieben? Ist keiner mehr da, um dich zu verurteilen?« – »Keiner«, antwortete ich. »Gut«, sagte Jesus, »dann will auch ich dich nicht verurteilen. Du kannst gehen, aber tu es nicht wieder!«

Welche Bedeutung hatten diese Worte für Sie, was haben Sie dabei gefühlt?

Zuerst einmal war ich unsäglich erleichtert. Ich konnte es gar nicht fassen! Diese Angst vor dem Tod! Diese Gier in den Augen meiner Ankläger – sie wollten mein Blut sehen, sie wollten meine Sünde auslöschen, und mich mit ihr! Ich hatte keine Chance auf Rettung! Was sollte Jesus schon daran ändern können! Aber er hat alles geändert.

Ich war überzeugt, dass ich wegen meiner Schuld – und ich habe ja tatsächlich gesündigt – verloren war. Doch Jesus hat mich gerettet.

Und wie ging es dann für Sie weiter?
Natürlich hatte ich Angst davor, meinem Mann gegenüberzutreten. Wie würde er reagieren, denn sicher hatte er schon von meinem Seitensprung erfahren. Doch auch hier kam alles anders als befürchtet. Mein Mann verzieh mir. Er meinte, auch er hätte durch seine Lieblosigkeit mir gegenüber Schuld auf sich geladen. Er meinte, wenn die Schriftgelehrten und Pharisäer mich nicht verurteilten, und Jesus mir verzeihen könne, dann würde er es auch schaffen.

Hat dieses Erlebnis irgendwelche Auswirkungen auf Ihr Leben? Hat sich für Sie jetzt etwas verändert?
Ja, natürlich! Vielleicht wissen Sie gar nicht, wie gut das ist, wenn man seine ganze Schuld los-werden kann und sozusagen ein neues Leben geschenkt bekommt. Aber ich habe das erlebt! Auch die Beziehung zu meinem Mann ist viel liebevoller geworden. Wir sind uns viel mehr bewusst, dass unsere Ehe ein Geschenk ist, um das wir uns bemühen müssen. Beide! Liebe ist etwas Lebendiges. Pflegt man sie nicht, stirbt sie! Das haben wir erkannt.

Nachdem wir von Ihrem Schicksal erfahren haben, haben wir bis gestern nach Ihnen gesucht. Aber sie waren nirgends aufzufinden – wo waren Sie, was haben Sie in diesen Tagen erlebt?
Mein Mann und ich wollten nach all den Erlebnissen ein paar Tage allein sein und sind zu unserem Weinberg gegangen. Unterwegs hörten

wir, dass Jesus sich auf den Ölberg zurückgezogen hatte, um dort etwas Ruhe zu finden. Ich wollte Jesus aber unbedingt nochmals sehen, mich bei ihm bedanken.

Sie wollten also Jesus wieder sehen.
Ist es Ihnen gelungen?
Das war nicht so schwer. Ich kenne dieses Gebiet gut und wusste ungefähr, wo Jesus sich aufhalten musste. Die Stimmen seiner Jünger verrieten mir die Richtung. Nach einiger Zeit fand ich unseren Rabbi unter einer Baumgruppe sitzen.

Und was geschah dann? Ließ er mit sich reden? Man hört ja, dass er öfters ziemlich erschöpft ist und sich nach Ruhe sehnt. Und dann stört ausgerechnet noch eine Frau diese kostbaren Augenblicke!
Ja, für manche Menschen sind Frauen weniger wert – aber bei Jesus ist das anders! Für ihn ist jeder gleich wertvoll – ob Kind, Mann oder Frau. Als Jesus mich sah, lächelte er mich an. So, als hätte er mich erwartet. Er sagte, ich solle mich zu ihm setzen. Das war zu viel für mich! Die Erinnerung an meine große Schuld überwältigte mich. Ich warf mich weinend zu seinen Füßen. Da sagte er: »Susannah, warum weinst du? Keiner war übrig geblieben, um dich zu verurteilen und selbst dein Mann hat dir vergeben.« Er wusste also schon davon! Wie war das möglich? Fragend sah ich ihn an. Er beugte sich zu mir und zog mich hoch. »Du brauchst dich nicht mehr zu schämen. Dir ist vergeben! Wenn dich Erinnerungen quälen wollen, dann halte dich an meinen Worten fest: Deine Schuld ist ausgelöscht.«
Kaum hatte er das gesagt, entdeckte mich ein Jünger – der war vielleicht wütend!

Das kann ich mir vorstellen. –
Wie ging es also weiter?
Jesus sagte, er würde sich von jedem, der ihn wirklich suchen würde, auch finden lassen. Da könne auch er nichts tun und er solle sich um ihn, Jesus, nicht sorgen. Wir hörten den Jünger noch vor sich hin brummen: ein anständiger Jude würde nicht einmal mit einer Frau sprechen, das Gesetz usw. Aber Jesus lächelte mich an und meinte nur, dass es kein wichtigeres Gesetz gäbe, als Gott und einander zu lieben, zu achten und wertzuschätzen.

Das sind ja wirklich äußerst gewagte Aussagen, die er da macht! Kein Wunder, dass manche unserer Führer ihn lieber tot als lebendig sehen würden! Er fordert zum Nachdenken heraus – jeder Einzelne ist aufgefordert, eine Entscheidung für sein Leben zu treffen ...
Da haben Sie Recht. Aber Jesus sagte auch noch, dass es der Geist Gottes ist, der lebendig macht.

Außergewöhnlich, dass Jesus mit einer Frau so sprach – entschuldigen Sie, aber ...
Ich weiß, Gewohnheiten legt man nicht so schnell ab ... Auch ich selbst war erstaunt, dass Jesus so zu mir sprach. Als wäre ich ein Mann, als wäre ich wertvoll. Steht nicht im Gesetz geschrieben: 'Wenn ein Mädchen geboren wird, geschieht nichts. Wenn ein Junge geboren wird, ist der Menschheit ein Segen zuteil geworden', oder 'Frauen brachten die Sünde in die Welt!'? Aber Jesus denkt da anders! Ja, radikal anders!

Und – was sagte er Ihnen?
Gott hatte Mann und Frau als sein Ebenbild erschaffen. Er erlöste den Mann aus seiner

Einsamkeit, indem er ihm ein Gegenüber zur Hilfe schuf.
»Siehst du«, so sagte er, »es heißt 'Gegenüber' und nicht 'Untendrunter', aber auch nicht 'Obendrüber'. Gott schuf die Frau auch nicht, damit der Mann über sie herrscht. Du erkennst das daran, dass er sie zu seiner Hilfe schuf. Nur jemand, der hilfsbedürftig ist, braucht Hilfe. Die Aufgabe von Mann und Frau ist also, einander zu helfen, einander zu stützen und miteinander als Gottes Ebenbild zu leben und so ihn, den Vater im Himmel, zu ehren. Der Mann soll der Frau helfen, sich zu entfalten und umgekehrt, damit Gottes Willen in ihren Leben geschehen kann ... Aber was haben die Menschen daraus gemacht!«
Dann sah er mich auf seine unnachahmlich ermutigende Art an, beugte sich zu mir und fuhr fort:
»Du aber bist berufen zum Leben. Lebe! Höre auf Gottes Ruf und geh! Denn du sollst den Herrn, deinen Gott von ganzem Herzen, mit ganzem Willen und mit deinem ganzen Verstand lieben und deinen Nächsten wie dich selbst. Ihm zu gehorchen ist wichtiger, als Menschen zu gehorchen.«
Da wurden wir unterbrochen. Die Jünger riefen Jesus zu einer Gruppe von Menschen, die sich nicht abweisen lassen wollten. Bevor wir uns trennten, legte er mir seine Hände auf den Kopf und segnete mich. Das war der schönste Augenblick in meinem Leben.

Frau S., wir danken Ihnen herzlich für dieses Gespräch und wünschen Ihnen weiterhin alles Gute.

Nichts für ungut …

… aber mit so einem solchen Wesen gehe ich doch nicht über die Straße

Westfälische Großstadt! Ein 12-jähriges Mädchen hastet durch die Straßen. Noch ein paar Winkelgassen, dann ist das hohe Backsteinhaus erreicht. Viele Mietsparteien, doch da – die richtige Klingel: Diakonissenstation. Die Tür öffnet sich. Noch ein paar Treppen hochsteigen. Wieder öffnet sich eine Tür: »Bitte, Schwester, könnten Sie nicht sofort mitkommen? Sie wissen ja, meine Oma ist krebskrank, sie braucht dringend eine Spritze, die Schmerzen …« Keine Fehlbitte, die Diakonisse will kommen und gleich den Teenie begleiten. Der aber spurtet schon davon, denn mit so einem altmodischen Wesen wie einer Diakonisse durch die Straßen gehen zu müssen, nicht auszudenken …!

Neun Jahre später: eine Diakonisse auf den Straßen der württembergischen Hauptstadt. Plötzlich ein Ruf hinter ihr her: »Schwester, einen Augenblick!« Der Blumenverkäufer verlässt seinen Stand und schon blüht ein Strauß mit über zehn Rosen in den Händen der Schwester: »Ja, aber … Ich …« »Für Sie, Schwester. Ich habe ich mich so gefreut; so eine junge Diakonisse – und das am frühen Morgen!«

Zählen wir wieder ein paar Jahr dazu: Da steht ein Trupp Jugendlicher um eine Diakonisse herum. Ein wenig verstohlen, manche auch unverhohlen, mustern sie ihr Gegenüber mit abwägenden Blicken. Es ist deutlich in ihren Augen zu lesen, dass sie sich mit der Frage quälen: »Hat die Frau das nötig gehabt?«

Und ihre psychologisch geschulte Phantasie malt ihnen schon das Drama der zerbrochenen Liebe in die Gedanken, oder das Erlebnis von Ungeborgenheit in der Kinderzeit oder die Angst vor der bösen, problembeladenen Welt, die diese Schwester einst in den vermeintlich sicheren Hafen einer frommen Gemeinschaft trieb. Dann traut sich doch einer und fragt ganz direkt: »Warum sind Sie denn Diakonisse geworden?«

Und noch ein paar Jahre später: Ein Theologe, der auf der Kirchenleiter schon in ein höheres Amt geklettert ist, hat ein Dienstgespräch mit einer neuen Mitarbeiterin in seinem Bezirk, einer Diakonisse. Schließlich bricht es mitten im Gespräch aus ihm heraus: »Sagen Sie mal, was haben Sie da an, tragen Sie das immer?«

Total aus dem Rahmen gefallen

Das zwölfjährige Mädchen und die erwähnten Diakonissen sind eine Person, noch genauer: sie sind meine Person. Ob etwas altmodisch oder etwas zum Freuen, ob exotische Erscheinung oder etwas Bekanntes. Als Diakonisse bin ich schon immer aus dem Rahmen gefallen.

Es macht zwar manchmal richtig Spaß, aufzufallen, aber Mut gehört auf alle Fälle auch dazu. Vermutlich schüttelst du den Kopf und denkst: »Das war einmal – aber heute? Nein danke, nichts für mich!«

Für mich war das auch total neu. Eine Jugendfreizeit wurde entscheidend. Ich bekehrte mich zu Jesus und übergab ihm die absolute Herrschaft über mein Leben. Ich fing an, dafür zu beten, wo es lang gehen sollte. Da stieß ich auf einen Bibelvers in Jesaja 41: »Du sollst mir dienen! Dich habe ich erwählt und nicht verstoßen.«

Das schlug ein! Ich brauchte gar nicht erst mit jemandem groß reden.

Es war klar für mich. Ich sollte Diakonisse werden. Ich war mir total sicher – und das hat sich bis heute nicht geändert.
Ich bin in die Bibelschule unseres Mutterhauses eingetreten, dann kam das Studium, die Arbeit als Jugendreferentin und Unterricht an unserer Bibelschule. Zur Zeit liegt mein Schwerpunkt in der Verkündigung und Seelsorge an Familien, Singles und Senioren.
Total abwechslungsreich und spannend ist mein Leben.

Mein persönliches Motto heißt:
»Nicht uns, Herr, nicht uns, sondern dir allein steht Ehre zu!«

So war es bei mir. Weil jeder Mensch ein Original ist und Gott mit jedem seinen eigenen Weg vorhat.
Doch jetzt bist du dran. Vielleicht so, dass du mutig fragst: »Jesus, und was hast du mit mir eigentlich vor?«

Abi – was dann?

Schon mit 16 wusste ich: Nach dem Abi werde ich nicht gleich studieren oder eine Ausbildung anfangen. Für junge Leute zwischen 18 und 28 bietet die »Offensive Junger Christen« (OJC) die Möglichkeit, ein Jahr mitzuleben. Die OJC ist eine ökumenische Lebensgemeinschaft im Odenwald. Familien, Ledige und junge Menschen leben in »Großfamilien« zusammen – in insgesamt fünf Zentren. Ihr Ziel: Glauben, Leben und Denken miteinander verbinden. Das lockte mich. Nach einem Jahr »Lebensgemeinschaft auf Zeit« kann ich sagen:

Goldener Käfig und der Weg nach draußen

Eine Heldin bin ich nicht – und besser auch nicht. Das hatte ich eigentlich gehofft. Einige Ideale habe ich in diesem Jahr beerdigt: die immer starke Powerfrau, die grenzenlos belastbar ist; die Glaubensheldin, die keine Fragen mehr hat und schon »fertig« ist; die unempfindliche Melanie, die alles und jeden aushält und mag. Diese Idealbilder empfand ich immer mehr als Käfig – einen goldenen zwar, aber gefangen war ich trotzdem. Ich wollte in die Freiheit. Die Zeit mit Gott am Morgen war der Ort, wo ich mich aus diesem Käfig zuerst herauswagte. Auch da, wo ich lieber weggeschaut hätte, wurde ich nun ehrlicher – im Vertrauen darauf, dass ich für Christus kein hoffnungsloser Fall bin. Alles, was sowieso wahr ist über mich, darf auch wahr sein. Ich gab mich Gott zu erkennen – und er gab sich mir zu erkennen.

Durch das intensive Zusammenleben kam ich an Grenzen, die ich davor nie gespürt hatte.

Ich fühlte mich überfordert von Aufgaben und Menschen. Wo war die Powerfrau in mir nur geblieben? Mir wurde bewusst: Die Überforderung liegt in meinem Perfektionismus, der mir einredet: »Du kannst dir keine Schwäche leisten. Denn wer bist du dann noch?« Diesen Ansprüchen an mich selbst wurde ich nicht gerecht – und mit meinem alten Selbstbild ging auch mein Selbstwert den Bach runter. Ich fühlte mich elend und nichtsnutzig. Aber Gott blieb nicht stumm. Sein Angebot lautete: »Glaube, dass ich die Welt nicht ohne dich wollte! Du musst keine Powerfrau sein, um einen Wert in meinen oder in deinen Augen zu haben.«

Ich stand vor der Alternative: Wage ich es, Gott zu vertrauen, dass er es gut mit mir meint und mir deshalb gerne gibt, was ich brauche? Oder muss ich mir selbst holen, was ich brauche – an Bestätigung, Aufmerksamkeit und Geborgenheit? Ich hatte es mir schon zu holen versucht bei einem bestimmten Menschen. Aber das war ein »Griff ins Klo«: ich wurde abhängig von der Aufmerksamkeit, die er mir gab. Dadurch fixierte ich mich auf ihn und verlor die anderen aus dem Blick. Ich ging das Wagnis ein, Gott zuzutrauen, dass er besser für mich sorgt als ich selbst. Da verloren auch die Anforderungen des Alltags ihre Bedrohung. Denn ich ließ mich nicht mehr von meinem Perfektionismus erpressen. Statt dessen übte ich mich im Vertrauen, dass ich an einen guten Gott, einen Schenke-Gott, mein Leben verschenkt habe – nicht an einen alten Geizkragen. Hilfe kam auch von den anderen: Sie ermutigten mich, ich zu sein und zu werden. Ich musste keine Rolle spielen. Das war entlastend.

wenn Schokoladenseiten bröckeln ...

Als Großfamilie lebten wir nicht nur zusammen – wir arbeiteten auch zusammen. Die klassische Trennung Schule-Familie-Freunde gab es nicht. Dadurch musste und konnte ich Konflikte dort angehen, wo sie entstanden waren. Das war eine Herausforderung – und anstrengend. Aber ich sehe Konflikte jetzt nicht mehr als Bedrohung für eine Beziehung, die unbedingt vermieden werden muss. Sie sind Chancen, einander von Mensch zu Mensch zu begegnen und nicht mehr von »Schokoladenseite zu Schokoladenseite«. Vertrauen ist nicht einfach da. Ich muss es riskieren. Die Freundschaften, die ich von hier mitnehme, zeigen mir: Es lohnt sich, mich in Beziehungen zu investieren – anstatt zu (er)warten, dass sie vom Himmel fallen.
Das Zusammenleben mit Menschen aus anderen Ländern erschien mir anfangs als »Duft der großen, weiten Welt«. Im Alltag entpuppte er sich als Herausforderung, an der ich oft scheiterte. Das Anderssein des anderen wurde besonders deutlich, wenn Sprachschwierigkeiten, unterschiedliche Mentalitäten ... das Zusammenleben erschwerten.
Bei einem Abendessen wollte ich einen Konflikt innerhalb unserer Großfamilie ansprechen. Die Reaktion der anderen war erstmal Schweigen. Eine junge Frau aus Südafrika versuchte, die Stimmung zu retten: »Jetzt erzähle ich mal was Erfreuliches ...« Ich empfand ihr Verhalten als »Ausweichmanöver«. Sie fühlte sich von mir missver-

standen. Jede von uns hatte gemeint, im »Recht« zu sein und das »Richtige« zu tun.

Ein Satz wurde mir in Situationen wie dieser zum »Rettungsring«: Der andere ist nicht falsch, sondern anders. Nur so war es möglich, den Weg zueinander wieder »freizuschaufeln«, anstatt in gegenseitigen Vorwürfen und im Misstrauen stecken zu bleiben.

Last but not least

Der Titel des ersten OJC-Buches »Kein Tag wie jeder andere« ist auch für mein OJC-Jahr zutreffend. Abwechslung und Unbeständigkeit hatten ihren Reiz und ihren Preis. Sie waren »Lust und Last« gleichzeitig. Im Rückblick bleibt: ich würde wieder »Ja« sagen – mein »Reisegepäck« ist zum Platzen voll. Ich nehme es mit in mein »Leben nach der OJC«.

Offensive Junger Christen, Ökumenische Kommunität, Postfach 1220, 64382 Reichelsheim, Tel.: 06164/93090, Fax: 06164/930930, e-mail: reichenberg@ojc.de

A heart on fire

Ein missionarisches Jahr im Ausland

»Und du? Warum bist du für ein Jahr nach Schweden gekommen? Was machst du hier?«, fragte mich kürzlich eine Frau. »Ich arbeite in einer Kirche hier mit. Ich helfe mit, wo es in der Gemeinde etwas zu tun gibt, helfe Menschen und lerne gemeinsam mit ihnen Gott und Jesus immer besser kennen!«

Missionar! Sehr lange hab ich bei diesem Wort vor allem an Ärzte im Busch von Afrika gedacht … Und jetzt lebe ich selbst für ein Jahr das Leben einer fast richtig klassischen Missionarin, ohne Ärztin zu sein; ich habe gerade erst mein Abitur hinter mir und der 'Busch von Afrika' ist ein Vorort von Stockholm …
Umgeben von vielen neuen Gesichtern, von Menschen, Unikaten Gottes – solchen, die ihn schon kennen, und solchen, die sich noch nicht für ihn entschieden haben oder ihm noch gar nicht persönlich begegnet sind … Alle diese Wunder Gottes fassen dich und das, was du bist, anders auf und an, als du es gewohnt bist! Sie haben eine andere Kultur, manchmal auch nur andere Persönlichkeiten. So viele deiner Gewohnheiten und Überzeugungen werden hinterfragt. Du hinterfragst dich selbst und entdeckst dabei jeden einzelnen Tag mehr, wie real und treu die Liebe von Jesus ist, wie er dich trägt und wer er ist. Wie sehr sein Herz für dich und all die anderen Menschen schlägt, »on fire« ist! Und das setzt dein Herz »on fire«, anderen von ihm weiterzusagen, ein Leben für ihn zu leben, mit allem, was du bist!
Natürlich gibt's da auch die dunklen Tage, an denen der Himmel nur so voll zu hängen scheint mit dicken, grauen Wolken und du den Eindruck hast, du kannst Gott gar nicht mehr sehen vor lauter Wolken. O ja, das passiert tatsächlich auch als Missionar! Aber ich habe erlebt, dass man sich an solchen Tagen so sehr nach Gott sehnt, dass man ihn eifriger sucht als bei »Sonnenschein«. Und Gott gebraucht solche Zeiten, um uns zu helfen, im Glauben zu wachsen, Tiefe in unsere Beziehung zu bringen, sie fester zu machen und auf den soliden Grund eigener Zweifel, denen Gott standgehalten hat, zu stellen. Ich glaub, dass Jesus, als er uns den Missionsbefehl gegeben hat, ganz genau wusste, wie gut das für uns UND die Welt ist, »hinzugehen in alle Welt«: wir lernen ihn immer besser kennen und das hilft uns, uns selbst besser zu verstehen.
Das geschieht durch das tägliche Leben mit »Jesus-live-Erlebnissen«. Und dann auch durch das Studieren in der Bibel. In einer ungewohnten Umgebung merkt man so viel mehr, wie dringend nötig man den direkten, täglichen Kontakt mit Gott durch Bibellesen und Gebet braucht.

Ich mache mein missionarisches Jahr mit der Missionsgesellschaft OM (Operation Mobilisation). In OM hat das Jahr den Namen »Global action« und beinhaltet neben ganz praktischem »einfach dein Leben leben für Jesus« auch einen Bibelstudienkurs über unseren Glauben. Durch den Kurs gehst du gemeinsam mit dem internationalen Team, in dem du lebst, und mit deinen Teamleitern, die dich schulen und dir zur Seite stehen. Das Ganze läuft in der Teamsprache Englisch ab; oft lernt man nebenher noch die Landessprache. OM arbeitet in einer Vielzahl von Ländern der Erde und fast überall ist solch ein »Global action« -Einsatz möglich. Wenn du mindestens 18 Jahre alt bist, dann überlege doch mal, ob das nichts wär:
Jesus für ein oder zwei Jahre ganz intensiv zur Verfügung zu stehen!

TIPP

Rede mit Jesus darüber und auch mit deiner Gemeinde. Denn die brauchst du ganz heftig: Zum einen für die Finanzierung deines Einsatzes (über Spenden) und zum anderen für die so dringend nötige Unterstützung deiner Arbeit durch Gebet! Deine Gemeinde sendet dich aus, um einer anderen Gemeinde zu helfen, an Gottes Reich zu arbeiten!

Und noch eines: Gott kann solch einen Einsatz ganz schön gebrauchen, um dir mehr von sich zu zeigen. Mein Herz und meine Einstellung zu »Mission« hat er schon ganz schön verändert. Wer Christ ist, wird automatisch »Missionar« und »Missionsluft« schnuppern wir jeden Tag in unsrem Alltag!
Unser Herr hat »a heart on fire« für dich und so viele andere Menschen!

Willst du ihm erlauben, dein »heart on fire« für ihn zu setzen?

Praktische Informationen gibt's z.B. bei: OM Deutschland, Personalabteilung, Postfach 1561, 74819 Mosbach, Tel.: 06261/9470, Fax: 06261/18564, e-mail: info@d.om.org oder einigen anderen Missionsgesellschaften.

TIPP

OM bietet auch die Möglichkeit, einen Kurzeinsatz im Sommer, Winter oder zu Ostern für 2-4 oder sogar 6 Wochen zu machen und »Missionsluft« zu schnuppern. Dafür ist nicht unbedingt eine sendende Gemeinde nötig (du kannst die Kosten auch selbst tragen). Auch hier ist das Mindestalter 18. Für diejenigen, die »Global action« planen, ist ein Kurzeinsatz Voraussetzung.

Freiwillige vor!!

Schon einmal die Kürzel FSJ, FDJ oder FÖJ gehört oder gelesen? Richtig, das ist kein neuer Sport der Fitnesswelle.

FSJ, FDJ bzw. FÖJ heißt Freiwilliges Soziales Jahr, Freiwilliges Diakonisches Jahr bzw. Freiwilliges Ökologisches Jahr.

Tipp

In der Broschüre »Freiwilliges Soziales Jahr – Freiwilliges Ökologisches Jahr« sind alle wichtigen Informationen sowie die Adressen der bundesweiten Träger enthalten (kostenlos zu beziehen bei. Bundesministerium für Familie, Senioren, Frauen und Jugend, Broschürenstelle, Postfach 20 15 51, 53145 Bonn, Tel.: 0180/ 5329329).

Freiwillig

Freiwillig – weil niemand dich dazu zwingt, sondern weil du von dir aus ein Jahr der Allgemeinheit bzw. der Umwelt schenken kannst.

In diesem Jahr arbeiten junge Menschen (zwischen 17 und 27) in Krankenhäusern, Altenheimen, Kinderheimen, Kindertagesstätten, Jugendheimen, Behindertenheimen und anderen sozialen oder diakonischen Einrichtungen, in Naturschutzzentren, Nationalparks, in der ökologischen Landwirtschaft, in Vogelschutzstationen oder Umweltämtern. Sie erhalten in diesem Jahr Unterkunft, Verpflegung, Arbeitskleidung und Taschengeld.

Begonnen hat alles 1954. Hermann Dietzfelbinger, damals Rektor der Diakonissenanstalt Neuendettelsau, rief junge Christen dazu auf, ein Jahr ihres Lebens für andere Menschen zur Verfügung zu stellen. Heute engagieren sich jedes Jahr ca. 7000 junge Menschen im FSJ oder FÖJ.

Wäre das auch etwas für dich?

Familienanschluss inklusive

Hast du Lust, einmal für ein Jahr im Ausland zu leben? Als Au-pair kannst du den Alltag in deinem »Wunschland« hautnah erleben.
Die Gastfamilien bieten dir kostenlos Unterkunft und Verpflegung sowie ein Taschengeld, im Gegenzug wird erwartet, dass du bei der Kinderbetreuung bzw. im Haushalt mithilfst.
Keine Angst, die Freizeit kommt nicht zu kurz!
So kannst du eine andere Kultur kennen lernen und gleichzeitig deine Sprachkenntnisse vertiefen.
Manchmal entstehen zur Gastfamilie auch intensive Freundschaften.
Es gibt eine Vielzahl von Vermittlungsstellen, die Au-pairs vermitteln. Auch über private Kleinanzeigen werden manchmal Au-pairs gesucht.
Wenn du dich von einer Organisation vermitteln lässt, hast du im Ausland (in der Regel) eine Anlaufstelle bei Fragen oder Problemen und du kannst im Notfall auch die Gastfamilie wechseln.

Tipp

Folgende Adressen können für dich hilfreich sein:

Auslandsaufenthalt in Europa: Verein für Internationale Jugendarbeit e.V., Beratungsstelle/ Vermittlungsstelle, Moserstr. 10, 70182 Stuttgart, Tel.: 0711/245733

Auslandsaufenthalt in USA oder Kanada: Zentralstelle für Arbeitsvermittlung (ZAV) der Bundesanstalt für Arbeit, Auslandsabteilung, Feuerbachstr. 42-46, 60325 Frankfurt/M.

KÖRPER-GEFÜHL/ MEIN KÖRPER

Der Tag X

Schon Wochen zuvor hatte meine Mutter mich vorgewarnt. Und dann kam er: der Tag X!

Wie oft hatte ich mich mit meinen Freundinnen darüber unterhalten, wir hatten uns die schrecklichsten Erlebnisse ausgemalt – und jetzt gab es kein Entrinnen mehr. Die Mut machenden und mitleidigen Worte meiner Freundinnen halfen mir nun auch nichts mehr. Da musste ich wohl oder übel durch.

Steif saß ich im Auto. O Mann! Wie konnte sich meine Mutter nur über so unwichtige und belanglose Sachen unterhalten, wo doch eine der schrecklichsten Stunden meines Lebens von Minute zu Minute näher rückte. Und dann standen wir vor dem Haus.

Riesengroß das Schild: Dr. Meier, Frauenarztpraxis.

Das also war die Höhle des Löwen. Nervös stieg ich die Treppen hoch. Noch 10 Minuten ... Eine Arzthelferin begrüßte mich freundlich, ich grinste zurück und dachte: »Du ..., ich will hier raus!« Wir mussten noch ins Wartezimmer. Ich kam mir auch zu blöd vor in meinem Rock. Aber der sollte doch erfahrungsgemäß sehr praktisch sein in dieser Situation. Ich malte mir schreckliche Bilder aus. Was war das noch für ein komisches, zan-

genähnliches Gerät gewesen, das sie uns in der Schule gezeigt hatten?
Da habe ich noch darüber gelacht ...
Jetzt war mir das Lachen vergangen. Noch zwei Minuten. Sollte ich vielleicht doch einfach gehen? Schwanger bin ich nicht, in den Wechseljahren auch nicht – also wozu das alles?
»Fräulein, kommen Sie bitte!«
Was??? Ich? Bitte nicht!
»Fräulein?«
Du musst jetzt ganz cool sein, sage ich mir also, so als würdest du das jeden Tag machen. Und schon steht er vor mir – der Löwe – naja, wie ein Löwe sieht er nicht gerade aus. Und dann schwafelt er mich voll. Bla, bla, bla.
Kann der nicht endlich anfangen? Ich will so schnell es geht hier wieder raus!
»Bitte machen Sie sich frei.«
Immer cool bleiben, so tun, als wäre es das Normalste der Welt. Wegschauen und ...
»Sie können sich wieder ankleiden.«
Was? War das alles? Ich hab's geschafft!!! Das ging aber schnell.
Also dafür, dass wir uns stundenlang wegen diesem ersten Frauenarztbesuch verrückt gemacht haben, gingen die 10 Minuten Untersuchung ziemlich schnell vorbei.
Aber jetzt nichts wie raus aus der Praxis!

Das erste Mal … beim Frauenarzt

Das 'erste Mal' beim Frauenarzt ist eine aufregende Angelegenheit – sei dir sicher, dass es fast jedem Mädchen so ging!
Vielleicht hast du ja die Möglichkeit, mit den Mädchen deiner Klasse oder einer Mädchengruppe einen unverbindlichen gemeinsamen Besuch (ohne Untersuchung) in einer Frauenarztpraxis zu erleben. Immer mehr Frauenärzte bieten auch Termine außerhalb der regulären Sprechstunde für Informationsbesuche an, bei denen alles erklärt wird. Horche dich doch einfach einmal ein bisschen um!

Eine bestimmte 'Altersgrenze' für den ersten Besuch beim Frauenarzt gibt es nicht.
Auf jeden Fall solltest du zum Frauenarzt gehen, wenn du Schmerzen hast oder aus einem anderen Grund der Meinung bist, 'irgendetwas' stimmt nicht bei dir oder ist 'anders' als bei den anderen Mädchen.
Viele Mädchen gehen schon vor dem 18. Geburtstag zum ersten Mal zum Frauenarzt. Die Gründe sind sehr unterschiedlich.

Tipp

Ob du zu einem Arzt oder zu einer Ärztin schneller Vertrauen hast, kannst nur du selbst herausfinden. Beide Möglichkeiten haben ihre Vorteile und stehen dir offen.

Wer ist mein Arzt?

Diese Entscheidung liegt ganz bei dir. Vielleicht möchtest du gerne zu dem Arzt gehen, zu dem deine Mutter schon jahrelang Vertrauen hat. Aber genauso ist es auch in Ordnung, wenn du einen ganz anderen Arzt aufsuchst (bei dem vielleicht deine Freundin oder große Schwester schon ist). Fühle dich in dieser Entscheidung ganz frei!

Wenn du dich für einen Arzt entschieden hast, dann melde dich bitte frühzeitig an. Bei sehr beliebten Ärzten kann es sein, dass du erst einige Zeit später einen Termin bekommst.
Falls du aber akute Probleme oder Schmerzen hast, dann sage das gleich bei der Terminvereinbarung. In diesem Fall wirst du sehr schnell einen Termin bekommen.
Ratsam ist es auch, dass der Termin nicht während der Tage deiner Regelblutung ist. Am günstigsten ist meist die 1. Zyklushälfte nach der eigentlichen Periode.

Vorbereitung

Vielen Mädchen ist es bei der Untersuchung auf dem so genannten gynäkologischen Stuhl angenehmer, ein langes T-Shirt oder einen Rock zu tragen, da du ja deinen Slip ausziehen musst.
Kleide dich auf jeden Fall so, wie du dich am wohlsten fühlst!

Der Arzt benötigt deine Chipkarte der Krankenkasse, damit er seine Leistung dann abrechnen kann. Wenn deine Eltern privat versichert sind, solltest du sie allerdings über deinen Besuch beim Frauenarzt informieren, denn dann wird der Arzt deinen Eltern direkt eine Rechnung stellen.

Tipp

Möchtest du nicht alleine gehen? Kein Problem! Du kannst – wenn du es möchtest – deine Mutter mitnehmen. Oder vielleicht bestehen du und deine Freundin dieses 'kleine Abenteuer' gemeinsam?

Ablauf in der Praxis

Anmeldung

So wie bei anderen Ärzten auch, wird dich zuerst eine Arzthelferin begrüßen, deine Chipkarte bzw. deine Personalien entgegennehmen und dich bitten, noch im Wartezimmer Platz zu nehmen. Da bei einem Arzt jeden Tag auch unangemeldete, dringende Fälle 'dazwischenkommen', ist es wahrscheinlich, dass du noch ein wenig warten musst. Dafür nimmt sich der Arzt dann aber auch für dich die nötige Zeit. Nimm doch einfach das Buch, das du gerade liest, oder eine Zeitschrift, die dich interessiert, mit zum Frauenarzt, dann kannst du die Wartezeit auf angenehme, kurzweilige Art überbrücken. Natürlich liegen auch beim Frauenarzt Informationsbroschüren und Zeitschriften aus. Wichtig ist es auch, dass du möglichst nochmals zur Toilette gehst, denn für die gynäkologische Untersuchung sollte die Harnblase leer sein.

Gespräch

Wenn du ins Sprechzimmer gerufen wirst, wird dort der Arzt oder die Ärztin schon auf dich warten (oder du kannst am Schreibtisch Platz nehmen und wartest noch ein paar Minuten auf den Arzt – das ist von Praxis zu Praxis unterschiedlich). Zuerst wird sich der Arzt mit dir unterhalten. Er wird dich danach fragen,

- welche Krankheiten (oder Operationen) du durchgemacht hast,
- wann du deine erste Periode hattest,
- in welchen Abständen diese kommt und wie stark sie ist,
- wann du die letzte Periode hattest,
- wie es dir allgemein geht,
- ob du schon einmal Geschlechtsverkehr hattest.

Hilfreich ist es, wenn du grundsätzlich einen 'Regelkalender' führst, in den du einträgst, wann

und wie stark du deine Periode hattest. (Beim Frauenarzt kannst du solch einen Kalender kostenlos bekommen.)
Vielleicht wird dich der Arzt auch fragen, ob du einen besonderen Grund hattest, zum ersten Mal in die Sprechstunde zu kommen. Sage es dem Arzt ruhig, wenn du aufgeregt bist oder Angst hast. Ein einfühlsamer Arzt wird darauf Rücksicht nehmen.

Tipp

Wenn es dir Sicherheit vermittelt, dann bitte deinen Arzt, dass er dir erklärt, was er jetzt gerade macht.

Untersuchung

Nicht in jedem Fall ist eine Untersuchung nötig. Will der Arzt eine Untersuchung durchführen, wird er dich bitten, dich entsprechend auszuziehen (hinter einem Wandschirm oder in einer Kabine) und auf dem Untersuchungsstuhl Platz zu nehmen. (Bei dieser Untersuchung ist manchmal eine der Arzthelferinnen anwesend – auch dies ist von Praxis zu Praxis unterschiedlich.)
Auf dem Stuhl nimmst du automatisch eine halbliegende Position ein und legst die Beine gespreizt auf die dafür vorgesehenen Polster. (Diese Haltung kommt dir wahrscheinlich fremd und zunächst unangenehm vor, aber sie ist notwendig, damit der Arzt richtig untersuchen kann.)
Viele Ärzte unterhalten sich mit ihren Patientinnen nebenher, um sie abzulenken und die Untersuchung so einfach und entspannt wie möglich zu machen.
Dann nimmt der Arzt vor diesem Stuhl Platz und schaut, ob äußerlich Veränderungen oder Entzündungen im Scheidenbereich erkennbar sind. Dann untersucht er mit einer Art Spiegel (Spekulum) weiter.

Das sind zwei gebogene Metallspatel, die in die Scheide eingeführt und behutsam ein wenig gespreizt werden. (Es gibt verschiedene Größen, so dass der Arzt die für dich richtige Größe verwenden kann.)
Nun nimmt der Arzt noch ein Licht und eine Art 'Vergrößerungsglas' zur Hilfe.
Jetzt kann er eventuelle Veränderungen oder Entzündungen am Muttermund erkennen und mit einem Wattestäbchen einen 'Abstrich' entnehmen. Diese Zellen sieht er sich unter dem Mikroskop an und sendet sie auch noch in ein Labor zur 'feingeweblichen Untersuchung' – das gehört zur Krebsvorsorgeuntersuchung.
Dann wird er dich abtasten und prüfen, ob die Eierstöcke und die Gebärmutter in der richtigen Lage und normal ausgebildet sind.
Die Untersuchung auf dem gynäkologischen Stuhl ist dir vielleicht etwas unangenehm, aber sie tut nicht weh. Wenn du Schmerzen empfindest, dann sage das deinem Arzt.
Am Anfang kann es sein, dass du dich 'verspannst', so dass es dir ein wenig weh tut.
Versuche einfach gleichmäßig und tief aus- und einzuatmen – dann ist schon viel gewonnen!
Danach kannst du dich wieder anziehen und der Arzt wird dich vielleicht bitten, nun den Oberkörper frei zu machen, damit er beide Brüste untersuchen kann. Dabei wird er nacheinander jede Brust und dann beide Achselhöhlen abtasten und nach so genannten 'Knoten' suchen.

Dann ist die Untersuchung beendet und du kannst dich wieder anziehen. Insgesamt dauern diese Untersuchungen ca. 5 Minuten.
Wenn du wieder angezogen bist, setzt du dich nochmals an den Schreibtisch und der Arzt wird mit dir über das Untersuchungsergebnis sprechen, dir bei Bedarf ein Rezept ausstellen oder Tipps geben, was du z. B. bei starken Periodenschmerzen machen kannst.
Jetzt kannst du auch alle Fragen los werden, die du vor der Untersuchung noch nicht gestellt hast oder die sich auf die Untersuchung selbst beziehen.

Gründe, zum Frauenarzt zu gehen

- Starke Schmerzen vor oder während der Periode
- Ausfluss
- Entzündungen im Scheidenbereich oder an den äußeren Geschlechtsteilen
- keine Regelblutung mit 16
- ständig sehr kurze oder sehr lange Abstände zwischen den einzelnen Monatsblutungen
- Zwischenblutungen
- starke Schmerzen im Unterleib
- Verdacht, schwanger zu sein

Besuch von ...

Auch wenn wir heute über körperliche Vorgänge aufgeklärt und über den körperlichen Vorgang der Menstruation unterrichtet sind, bekommen viele Mädchen doch einen ziemlichen Schreck, wenn sie eines Tages im Slip Blut entdecken! Denn Blut ist meist ein Zeichen von Verletzung – aber dieses Blut ist ein Zeichen des funktionierenden Lebens in uns Frauen.

was passiert in meinem körper

Jetzt ist die Zeit gekommen, dass sich in deinen beiden Eierstöcken ein Hormon entwickelt, das man Östrogen nennt und bewirkt, dass deine Gebärmutter aus ihrem kindlichen Schattendasein heraustritt und Gewebe, Drüsen und Blutgefäße in einer Art Schleimhaut produziert, damit darin ein Kind entstehen und sich entwickeln kann. Wenn dies in einer bestimmten Zeit, nämlich vier Wochen, nicht gebraucht wird, dann stößt die Gebärmutter einfach alles ab, um diesen Raum sozusagen wieder frisch zuzubereiten.

Dieses eigentlich faszinierende Versorgungswunderwerk macht dir und deinem Körper ab und zu Schwierigkeiten! Deine Gebärmutter ist ein hohles Muskelorgan, das sich bei Ablösen und Ausstoßen der alten Versorgungsvorräte stark zusammenzieht, um die alte Schleimhaut loszuwerden. Dies verursacht manchmal krampfartige Schmerzen im Bauch oder Rücken. Sollten sie zu stark werden, sprich mit deiner Mutter oder einem dir vertrauten Menschen. Übrigens ist es gar nicht so viel Blut, das man jeden Monat verliert!
Wie du sicher weißt, sind Binden oder ein Tampon eine selbstverständliche Hilfe während der Periode, um das Blut aufzunehmen. Wichtig ist, sich besonders in dieser Zeit regelmäßig im Scheidenbereich zu waschen.

Körperliche und seelische Auswirkungen

Diese Hormone verwandeln dich nun langsam zu einer Frau mit mehr Taille und etwas breiteren Hüften. Auch deine Brüste wachsen und deine Haut wird sich verändern, das kann manchmal zu Pickeln führen, insbesondere während der Zeit der Menstruation! Auch hier ist Reinlichkeit das beste Gegenmittel!
Diese Umstellung nennt man Pubertät, in der du nicht nur körperlich eine Veränderung erlebst, sondern auch in deinem Denken und deinen Gefühlen, die sich nach und nach aus einer kindlichen, sorglosen Art in eine verantwortliche Lebensweise entwickeln.
Du wirst dich überhaupt in vielen Bereichen ganz neu entdecken!
Dies ist für dich nicht immer leicht, denn du möchtest schließlich alles richtig machen, bist jedoch natürlich nicht sehr geübt darin, erwachsen zu sein.
Wenn du vielleicht entdeckst, was in dir an Stärke vorhanden ist, fühlst du dich manchmal einfach perfekt und großartig, dann wieder empfindest du dich als wertlos, unzureichend und missachtet, weil du doch noch nicht so bist, wie du gerne sein möchtest.
Hab Geduld mit dir selbst.

vergleiche dich nie mit anderen!

Jede werdende Frau macht diese Entwicklung anders durch. Einige wachsen jetzt sehr schnell und sehen im Nu wie fertige Frauen aus, und andere scheinen noch lange kindlich zart zu bleiben, einige werden sehr aggressiv, andere mehr verträumt, einige sind während der Periode wackelig auf den Beinen und haben starke Schmerzen, andere bringen sportliche Hochleistungen! Aber lass dich nicht täuschen: jede von euch entfaltet in dieser Phase eine eigene frauliche Persönlichkeit!
Es ist wichtig, dass du diese Entwicklung einfach als Zwischenstadium akzeptierst, ja sie als Beginn dessen erkennst, wonach du dich sicher immer gesehnt hast – nämlich erwachsen zu werden!

TIPP

In dieser Zeit der Umstellung wird sich viel in dir auch an Begabungen entwickeln, was bis jetzt durch dein eher kindliches Denken noch verborgen war. Beginne zu malen! Versuch mal neue Basteltechniken! Regelzeit ist Schmökerzeit für alle Leseratten – leih dir doch mal Reiseberichte oder Biografien in der Bibliothek aus! Versuch Tagebuch zu führen – alle Gedanken und Wünsche aufzuschreiben. Noch besser – fang an, Gott Briefe zu schreiben von all deiner Sehnsucht oder auch Enttäuschungen – gerade die Zeit um die Periode herum ist dafür gut geeignet!

werde kreativ – locke deine Begabungen ans Tageslicht!

Deine Veränderung bringt auch Veränderungen in deinen Beziehungen

Dein Verhältnis zu Gott wird sich höchstwahrscheinlich verändern.
Vieles wirst du aus einer neuen Perspektive sehen. Dies kann sogar Zweifel auslösen oder kritische Anfragen an seiner Allmacht und Liebe, die dir nie zuvor in den Sinn gekommen sind. Das ist keine Grund zur Sorge und noch lange kein Unglaube!
Dein Prozess ins Erwachsenwerden mit allen neuen Gefühlen und Fragen, die dich ja in die Verantwortung leiten sollen, sind

Übrigens beginnt jetzt meist auch eine neue Zeit in der Beziehung zu deiner Mutter. Da man gerade jetzt sehr empfindlich ist, treten jetzt oft viele Missverständnisse zwischen euch auf. Lade sie einmal zum Teetrinken in dein Zimmer ein und frage sie, was sie gerne tat, was sie dachte, was sie liebte oder hasste, als sie in deinem Alter war. Versuch ganz ehrlich mit deiner Mutter über all deine Empfindungen zu sprechen. Je früher du sie mit einbeziehst, desto leichter können Missverständnisse überwunden werden. Jetzt beginnt die Zeit, in der deine Mutter auch eine Freundin werden kann – nutze die Chance! Übrigens sind selten andere an den Stimmungen, die dich manchmal umtreiben, schuld, also mache sie auch nicht dafür verantwortlich!

von ihm so gewollt. Das bedeutet, dass er auch mit dir über alle Fragen und Zweifel, aber auch Träume und Hoffnungen sprechen möchte.
Er möchte dir jetzt ein Gegenüber, ein himmlischer Vater werden, mit dem du alles bereden kannst, auch alles Unverständliche in dir, alle Probleme in deiner Freundschaft.
Das sollst du wissen – er hat dich lieb, so wie du im Moment bist!

Auch deine Freundschaften werden sich verändern.
Aus dem Spielen miteinander wird ein Sprechen miteinander, ein Ausquatschen.
Hoffnungen, Träume aber auch Verletzungen werden dir jetzt viel bewusster werden. Eine Freundin, mit der du über alles sprechen kannst, ist sehr viel wert.
Freundschaft ist etwas, was uns ergänzt und somit hilft, uns selbst und unsere Gefühle – gerade auch in den Zeiten der Periode – aus einer anderen Perspektive zu entdecken. Manche reden stundenlang – möglichst nicht nur am Telefon –, andere laufen viele Kilometer ab, und tauschen sich aus! Egal wie, einen Menschen zu haben, dem man vertrauen kann, ist ein Geschenk Gottes und so sollte man dann auch miteinander umgehen.

Habe keine Angst vor dieser Zeit der Umstellung!
Sie ist von Gott so eingerichtet, und er möchte dir in allen Situationen helfen, damit du eine starke und attraktive Frau wirst!

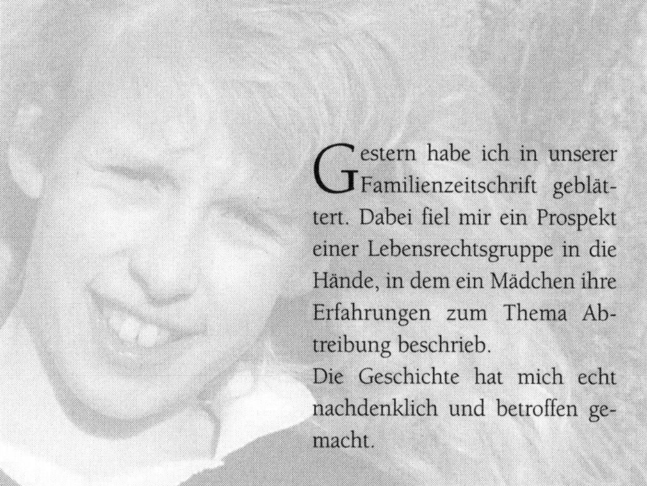

Gestern habe ich in unserer Familienzeitschrift geblättert. Dabei fiel mir ein Prospekt einer Lebensrechtsgruppe in die Hände, in dem ein Mädchen ihre Erfahrungen zum Thema Abtreibung beschrieb.
Die Geschichte hat mich echt nachdenklich und betroffen gemacht.

Und jetzt?

Die Neue in unserer Klasse heißt Tamide.
Zuerst fand ich sie ja ganz interessant; aber quatschen konnte man halt nicht mit ihr. Mit Maike und Tanja, das war eben was anderes. Wir waren immer zusammen. Doch jetzt hatte ich manchmal das Gefühl, die Neue würde uns beobachten. Das ärgerte mich. Ich wollte lieber mit Maike und Tanja allein sein. Tamide war halt anders. Sie stand immer in derselben Ecke auf dem Schulhof. Zuerst hatte ich ein bisschen ein schlechtes Gewissen, denn ich dachte, eigentlich müssten wir uns um sie kümmern – bis dann Nils kam und mit ihr ging. Ich dachte, ‘naja, sie hat ja den Nils, der kümmert sich um sie.’

Aber es hat mich total geschockt, als ich hörte, dass sie schwanger ist. In der Pause dann fragte ich sie, ob das stimmte. Da hat sie angefangen zu heulen.
»Was willst du jetzt tun?«, fragte ich.
»Niemand darf wissen, mein Vater mich sonst totschlagen.«
»Früher oder später wird er´s doch erfahren. Sowas kannst du nicht geheim halten.«
»Nils sagt, ich es wegmachen lassen, das ganz einfach. Alle das so machen.«
»Du willst es abtreiben?«, fragte ich entsetzt.
»Er sagt, sonst er nicht mehr mit mir gehen.«
Ich dachte, ich hörte nicht recht. »Er verlangt von dir, dass du dein Kind töten lässt?!! Das ist Mord, Tamide!«
Sie fing wieder an zu heulen. »Erste Mal. Ich nicht wollen. Ich Angst. Nils sagt, kein Problem, nix passieren.«
Mir wurde ganz flau; denn plötzlich erinnerte ich mich an einige Fotos, wie so ein Mensch im Mutterleib entsteht. Man konnte schon richtig alles erkennen, den Kopf, die Glieder, alles. Ein richtiger Mensch. Mein Vater sagte, so ein kleiner Mensch könnte sogar Schmerzen empfinden.
»Tamide, überleg doch mal. Bestimmt gibt es noch einen anderen Weg. Hast du schon mit dem Vertrauenslehrer gesprochen?«
Sie schüttelte den Kopf.
»Soll ich für dich einen Termin ausmachen?«
»Das auch nix helfen.«
»Tamide, das kannst du nicht tun«, sagte ich noch einmal.
Sie antwortete nicht.
Am nächsten Tag kam sie nicht zur Schule, am darauf folgenden auch nicht.
Also hab ich mir aus dem Telefonbuch ihre Adresse rausgeschrieben.

Ich dachte, vielleicht ist sie krank.
Maike und Tanja sind auch mitgekommen. Wir fanden ihre Wohnung, aber Tamide war nicht da.
»Sie im Krankenhaus«, sagte ihre Mutter.
Ich war ganz schön bedeppert. Also hat sie sich doch für die Abtreibung entschieden! Wir sind dann wieder gegangen und haben überlegt, was wir tun sollten.
»Sie war dumm genug, dem Kerl zu glauben«, sagte Tanja, »wenn ihr mich fragt, ich will warten, bis ich heirate. Ich will mir mein Leben nicht kaputt machen.«
Ich bekam richtig weiche Knie und wollte nicht weitergehen; da zog mich Tanja am Arm. »Komm schon, da kannst du doch nichts mehr machen.«
»Das mag ja sein; aber – «
»Aber?«
»Wir sind halt auch keine Unschuldslämmer.«
»Was willst du damit sagen?«, fragte Maike.
»Wisst ihr noch, als sie in unsere Klasse kam? Niemand hat sich um sie gekümmert – außer Nils.«
»Man konnte ja nichts mit ihr anfangen.«
»Trotzdem. Einmal wollte sie mit uns gehen, aber wir sind dann schnell weggerannt.«
»Wir hatten was andres vor«, verteidigte sich Tanja.
Aber ich wusste, das waren alles nur Ausreden.
»Sie hatte niemanden. Vielleicht wäre das nicht passiert, wenn wir ein bisschen nett zu ihr gewesen wären.«

Und plötzlich war es da, dieses blöde Schuldgefühl, das mich immer noch quält. Vielleicht wäre es wirklich gar nicht so weit gekommen, wenn wir sie nicht allein gelassen hätten?

Aus Großmutters Rezeptkiste

Erfrischende Badezusätze zum Badewasser

Wenn du müde und abgespannt bist ...
... ein paar Hände voll gewöhnliches Kochsalz

Wenn du schlafen möchtest wie ein Murmeltier ...
... ein Absud von Kamille- oder Lindenblüten (200 g in zwei Liter Wasser gekocht und ziehen lassen)

Für das Frühlingsbad ...
... Wir legen drei große Sträuße frischer Schlüsselblumen in heißes Wasser und lassen sie 20 Minuten ziehen. Dieses Wasser geben wir zum Badewasser.

Gegen juckende, spröde Haut ...
... Koche aus 50 g getrockneten Ringelblumen aus der Apotheke und einem halben Liter Wasser einen Tee, lasse ihn 20 Minuten ziehen und gieß ihn dann ins Badewasser.

Das macht müde Haut munter und sieht zudem lustig aus ...
... Schneide drei unbehandelte Zitronen in Scheiben und gib sie ins Badewasser

Kaum zu glauben

Goldene Baderegeln von anno dazumal

1. Ein Vollbad pro Woche muss sein. Wenn wir kein Badezimmer zur Verfügung haben, so füllen wir uns in der Küche einen Zuber mit warmem Wasser.
2. Nie mit vollem Magen baden. Das ist schädlich. Auch länger als zehn Minuten planschen ist gefährlich.
3. Zuerst darf fünf Minuten im Wasser gefaulenzt werden. Danach wird der Körper mit einer möglichst harten Bürste und milder Seife kräftig abgeschrubbt.
4. Anschließend wird lauwarm, kälter, kalt abgebraust. Dann heraus aus den Wellen.

Gesundheitstipps

Damit es uns gut geht, um unsere Gesundheit zu erhalten oder wiederherzustellen, benötigen wir ab und zu auch einen guten Arzt. Aber auch unser eigenes Tun und Lassen beeinflusst stark unser Wohlbefinden.

TIPP

Du und dein Arzt

Fühlst du dich beim Arzt oft unsicher und fragst nicht ausreichend nach? Mach dir zu Hause eine Liste mit Fragen. Erzähle deinem Arzt von deiner Besorgnis. Er nimmt sich dann mehr Zeit, um dir alles zu erklären. Ärzte merken oft nicht, wenn sie nicht verstanden werden. Oder vielleicht möchtest du lieber jemanden mitnehmen?

Gesund durch Ernährung

Mit jeder Mahlzeit beeinflusst du deine Gesundheit, deine Leistungsfähigkeit und dein Wohlbefinden. Essgewohnheiten lernen wir schon als Kinder. Wenn du an dir Essgewohnheiten bemerkst, die dir mehr schaden als nützen, dann versuche, sie zu verändern.
Iss regelmäßig und achte auf die Nährstoffe Eiweiße (Vollkornbrot, Müsli), Ballaststoffe (Getreideprodukte, Reis, Nudeln, Gemüse und Vollkorn), Fett, Vitamine (Obst und Gemüse) und Mineralstoffe. Wenn uns diese Nährstoffe auf Dauer fehlen, bekommen wir Mangelerscheinungen.

Gesund durch Bewegung

- Weg von Trägheit und Bequemlichkeit! Nütze die natürlichen Gegebenheiten im Alltag, z. B. Treppensteigen, zu Fuß einkaufen gehen oder Freunde besuchen, mit dem Fahrrad fahren.
- Wer regelmäßig Sport treibt (z. B. Schulsport), verbrennt Fett im Körper und bleibt beweglich. Laufe ohne zu schnaufen! Dein Puls sollte 130–140 Schläge pro Minute nicht übersteigen.
- Achte auf deine Leistungsfähigkeit und passe dich ihr an. Zu Beginn kann 200 Meter Jogging besser sei, als nach dem Sport total erschöpft zu sein. Sportler, die zu hart trainieren, schwächen ihr Immunsystem.
- Ein lockeres Ausdauertraining regt den Fettstoffwechsel an.
- Sport motiviert und macht Spaß!

Gesund mit wenig Stress

Stress ist ein uraltes Überlebensprogramm in unserem Körper und so gesehen auch positiv.
Negativer Stress kann jedoch krank machen. Er äußert sich oft durch Überforderung. Du meinst, die Aufgabe nicht zu packen, ein flaues Gefühl mit Übelkeit, weiche Knie und Weinbedürfnis stellt sich ein.
Andere Herausforderungen kannst du dagegen bewältigen. Du bist danach zufrieden und ausgeglichen. Dieser positive Stress war dann zur Bewältigung der Aufgabe nötig und hilfreich.
Dauerstress schadet allerdings. Du wirst anfälliger für Erkältungen, dein Kreislauf oder dein Verdauungssystem können durcheinander kommen.
Das richtige Maß für Arbeit, Freizeitgestaltung, Faulenzen, Schlafen, Hobby, Vergnügungen etc. ist auch bereits in deinem Alter wichtig.
Wenn der Rhythmus deiner Lebensgestaltung zu einseitig ist (egal ob zu viel oder zu wenig), kann negativer Stress entstehen.
Probiere das richtige Maß für dich aus!

Gesund durch richtigen Schlaf

Ob du acht Stunden Schlaf brauchst oder mit sechs auskommst, spielt keine so große Rolle. Wichtig ist, dass genug Gelegenheit für die Schlafphasen – Leichtschlaf, Tiefschlaf, Traumphase – bleibt.
Tiefschlaf ist Erholung für den Körper. Die Traumphasen sind für die Erholung und Entspannung des Geistes nötig. Der Leichtschlaf kennzeichnet den Übergang vom Tiefschlaf zur Traumphase.
Jeder Mensch hat seinen eigenen Schlafrhythmus. Napoleon übrigens soll nur vier Stunden Schlaf benötigt haben, da er ohne Leichtschlaf auskam. Manche Menschen dagegen haben einen langen Leichtschlaf und benötigen dadurch insgesamt mehr Schlaf.
Nikotin, Alkohol, Kaffee, zu viel Essen beeinträchtigen die Schlafqualität und damit die Erholung.
Wer regelmäßig seine persönliche Schlafzeit zu stark einschränkt, tut sich keinen Gefallen. Viel Schlaf am Wochenende gleicht zu wenig Schlaf unter der Woche nicht aus.

TIPP

Wadenkrämpfe? Sie könne ein Anzeichen für einen Magnesiummangel sein. Wenn sie öfter auftreten, dann wende dich bitte an deinen Arzt. Erste Hilfe bei einem akuten Wadenkrampf: Stelle dich fest auf das betroffene Bein und massiere die entsprechende Stelle leicht.

Schlafstörungen

Tipps bei Schlafstörungen:

- Nachts sollte das Fenster etwas geöffnet sein.
- Wenn du nachts einmal nicht schlafen kannst, dann lese doch ein wenig oder höre leise Musik. Nur nicht nervös werden!
- Schokolade oder eine warme Milch vor dem Schlafengehen können hilfreich sein.
- Ein Vollbad entspannt wohlig.
- Ein Spaziergang kann dazu beitragen, den Tag innerlich »aufzuräumen« und abzuschließen.
- Eine gute Matratze und eine der Jahreszeit entsprechende Bettdecke sind wichtig.

Angst?

Angst ist eine Schutzreaktion des Körpers. Sie lässt uns nicht blind in Gefahren laufen. Übersteigerte Angst dagegen belastet und nimmt die Lebensfreude.
Mit deiner Angst bist du allerdings nicht allein. Vielen geht es so – zumindest in bestimmten Situationen. Sei es Höhenangst (wie z. B. bei Goethe) oder die Angst vor engen Räumen.

Tipps:

- Weiche deiner Angst nicht aus. Jede hat mal Angst.
- Nimm dir trotz Angst vor, das anzugehen, was du geplant hast.
- Entspanne dich durch Ablenkung oder bewusstes, ruhiges Atmen.
- Aktivitäten wie Sport verbessern die Stimmung!
- Spiel Situationen, die dir Angst machen, mit deiner Freundin durch.
- Vertraue darauf, dass du schaffst, was du dir vorgenommen hast.

TIPP

Erkältet? Trinke heißen Kräutertee. Heiße Hühnersuppe soll (laut Tests in den USA) Nase und Atemwege frei machen. Stärke dein Immunsystem durch viel Schlaf, Vitamine und viel frische Luft.

- Du kannst Angst haben und trotzdem erfolgreich deine Aufgaben erledigen.
- Angst ist (meistens) nicht gefährlich, sondern nur unangenehm.
- Mit bestimmten Ängsten (z.B. vor Spinnen) können wir auch leben lernen.
- Jesus sagt: »In der Welt habt ihr Angst; aber seid getrost, ich habe die Welt überwunden« (Johannes 16,33).

Heute war ein Brief
für mich im Briefkasten.
Endlich eine Antwort
auf mein Problem mit Julia!

Hallo Babs,

ich danke dir für deinen Brief und dein Vertrauen mir gegenüber.
Ich möchte versuchen, auf deine Fragen einzugehen, die dich und deine Freundin Julia betreffen.
Du schreibst, dass du vermutest, dass Julias Mutter sehr viel Alkohol trinkt, Julia deswegen oft zu spät zur Schule kommt, kein Geld für ein Getränk oder die Klassenkasse hat.
Aber vor allem verunsichert dich, dass Julia Verabredungen mit dir nicht einhält und sich immer mehr zuückzieht – obwohl du den Eindruck hast, dass nichts zwischen euch steht und ihr euch auch noch immer gut versteht.
Du schreibst, dass du Julias Mutter beobachtet hast, als sie im Supermarkt außer den übrigen Einkäufen noch einige Flaschen Schnaps kaufte.
Jetzt bist du verunsichert und weißt nicht, wie du dich verhalten sollst, um eure Freundschaft zu erhalten.
Liebe Babs, deine Beobachtungen lassen vermuten, dass Julias Mutter alkoholkrank sein kann.
Bei dieser Krankheit brauchen die Menschen den Alkohol und brauchen mit der Zeit immer mehr – bis es soweit kommt, dass sie das Trinken nicht mehr selbst kontrollieren können. Aber Julias Mutter ist zu helfen!
Wenn sie keinen Alkohol mehr trinkt und dies unter ärztlicher Kontrolle beginnt. Dafür gibt es Beratungsstellen, die den Menschen Hilfe anbieten (sowie auch die Hilfe, durch Gottes Kraft ein neues Leben zu beginnen).
Aber was kannst *du* jetzt tun?

Tip

Blaues Kreuz e. V.
Freiligrathstr. 27
42289 Wuppertal
Telefon:
(02 02) 6 20 03-0
Fax:
(02 02) 6 20 03-81

Deine Freundin Julia liebt ihre Mutter und schützt sie nach außen hin, damit niemand ihr Trinken bemerkt. Julia sorgt für sie und kann deswegen wahrscheinlich geplante Termine nicht einhalten – und erfindet Ausreden, warum sie kein Geld hat. Gleichzeitig schämt sie sich vor dir und zieht sich zurück.
Julia braucht genauso Hilfe wie ihre Mutter. Vielleicht kannst du deine Vermutung andeuten, indem du Julia sagst: »Ich glaube, ich kenne dein Geheimnis, das mit dir und deiner Mutter zu tun hat. Ich möchte dieses Geheimnis gerne mit dir zusammen tragen und dir helfen. Ich bin doch deine Freundin!«
Julia soll spüren, dass du trotz dieses »Makels« zu ihr hältst und sie und ihre Mutter gern hast. Sprich deine Vermutung aus und biete deine Hilfe an. Zum Beispiel, sie morgens vor der Schule abzuholen, ihr bei den Aufgaben zu helfen, ihre Sorgen zu teilen. Es kann sein, dass deine Freundin versucht, dich abzuschütteln. Denn Julia wird Angst haben, sich dir anzuvertrauen. Gib nicht auf, ihr trotzdem beizustehen.
Sollte Julia sich dir dann anvertrauen, kannst du ihr von Hilfsangeboten in Beratungsstellen erzählen und dass es auch für ihre Mutter Hilfe gibt! Vielleicht ist sie bereit, mit dir zusammen solch eine Beratungsstelle aufzusuchen.
Deine Hilfe kann sehr wichtig für Julia sein. Jemand, der sie in ihrer Situation nicht allein lässt.
Viel Kraft und Mut für deine nächsten Schritte wünscht dir

Deine Christina

Hättest du's gewusst?

Hepatitis B

Hepatitis B ist eine gefährliche, durch Viren ausgelöste Leberentzündung. Die Übertragung geschieht durch Kontakt mit Körperflüssigkeit von erkrankten Personen. Das kann Blut, Sperma und Vaginalsekret sein. Übertragen wird sie auch über alle Schleimhäute – also z. B. beim Küssen. Auch bei Reisen in Epidemieländer ist Vorsicht geboten, da dort oft keine optimale Hygiene vorzufinden ist.
Hepatitis B ist deshalb so gefährlich, weil die Leberentzündung chronisch werden und die Leber einen dauerhaften Schaden davontragen kann.
Unter Drogenabhängigen ist das Risiko einer Ansteckung besonders hoch.
Gegen Hepatitis B gibt es allerdings eine Impfung (die schon Babys erhalten können). Besonders Personen, die im Gesundheitsbereich arbeiten, wird eine Impfung empfohlen.
Erkundige dich doch bei deinem Arzt über die Impfung, er wird dich entsprechend beraten und deine Fragen beantworten können.

Aids

Bei Aids kommt es zur Schwächung des körpereigenen Abwehrsystems. Aids macht den Körper gegen viele Krankheitserreger wehrlos, die der gesunde Körper in der Regel abwehren kann.
Durch die Schwächung wird der Körper von immer intensiveren Krankheitserregern befallen, was letztendlich dann zum Tod führt.
Ausgelöst wird diese Krankheit durch das Eindringen eines Virus in den Körper. Das Abwehrsystem schafft es dann nicht, dieses Virus wieder ganz aus dem Körper zu entfernen oder zu zerstören.
Aids ist besonders in Afrika und Asien weit verbreitet. Es gibt für diese Krankheit noch keinen Impfschutz und keine Heilung. Sie verläuft in drei Stadien:

1. Ansteckung, häufig fehlen Symptome, kein Krankheitsgefühl
2. Latenzzeit, keine Symptome, Dauer ca. 6-10 Jahre
3. Krankheit, das »Vollbild von Aids« wird sichtbar, Lymphdrüsen schwellen an, Fieber, zahlreiche Infektionskrankheiten und Entzündungen, an deren Ende der Tod steht.

Das Virus ist bei Infizierten in den drei verschiedenen Körperflüssigkeiten Blut, Samenflüssigkeit des Mannes, Scheidenflüssigkeit der Frau vorhanden.
Übertragen wird diese Krankheit durch Sexualkontakte jeglicher Art mit Infizierten; über die Blutbahn, z. B. bei gemeinsamer Nutzung von Spritzen bei Drogenkonsum; durch direkten Blutkontakt über eine offene Wunde.

Bestimmt gibt es viele von euch, die das nachvollziehen können, was ich jetzt erzählen werden.
Es geht ums Rauchen. Viele finden es voll besch..., aber machen es trotzdem. Entweder aus Coolheit oder einfach weil's schmeckt ?!?
Vielleicht auch, weil es ja sowieso fast jede und jeder macht.
Ihr werdet jetzt vielleicht denken: »Ach ja, und wo ist das Problem?«
Mit Rauchen hatte ich nie Probleme – aber ohne! Wenn ich ehrlich bin, muss ich zugeben, dass Rauchen schon Spaß macht. Es fördert sogar das Gemeinschaftsgefühl, weil ja heutzutage fast jede raucht, oder? Am Anfang hatte ich alles noch gut unter Kontrolle, so bis zu fünf Zigaretten pro Tag. Aber jede, die raucht, weiß, dass es nie bei den fünf Zigaretten bleiben wird. So war's dann auch. Am Schluss war die Schachtel jeden Abend leer. Das war echt heftig.
Eigentlich gibt es voll viel Gründe, mit Rauchen aufzuhören, z. B. der Gesundheit zuliebe oder weil es die Eltern verbieten oder weil es auf Dauer echt teuer wird. Keine Ahnung, aus welchen Gründen ihr aufhören würdet oder nicht. Bei mir war jedenfalls keiner dieser Gründe ausschlaggebend.
Was ich jetzt erzähle, klingt bestimmt für manche lächerlich, aber trotzdem ist es wahr.
Ich glaube an Jesus Christus, und er ist der Einzige, der das Leben lebenswert machen kann. Das 'Problem' ist nur, dass er mich ganz haben will, d.h., er will mein Leben so bestimmen, dass ich ganz allein von ihm abhängig bin und nicht von einem Suchtmittel. Es mag sein, dass das alles jetzt komisch klingt, aber mit Jesus leben, heißt radikal für ihn zu leben – auch wenn es um Sachen wie das Rauchen geht. Klar ist mir das am Anfang volle Kanne schwer gefallen. Das ständige Aufhören und wieder Anfangen war echt zum K... Ich habe mir gedacht, für was mach ich das eigentlich?
Es hat bestimmt ein halbes Jahr gedauert, bis mir klar wurde, dass es Mist ist, was ich mache. Es geht nicht darum, dass ich mich in etwas hineinstresse, wo ich sowieso nicht dahinter stehe. Jesus hat mir gezeigt, dass er mir nur helfen wird, wenn ich echt 'Ja' dazu sage. Und so war es dann auch.
Klar kamen und kommen auch wieder Phasen, wo ich voll Lust hätte, eine zu rauchen, aber die Beziehung zu Jesus, die

dadurch viel genialer geworden ist, ist tausendmal wichtiger. Jesus hat echt die Macht, dich und mich von allen Bindungen zu lösen, weil er Gott ist!

Ich wünsche euch, dass ihr Jesus kennen lernt und erlebt, was er alles drauf hat!

Zum Aus-der-Haut-Fahren

Seit Wochen freue ich mich auf das date mit Michael. Meine Freundin ist schon völlig entnervt, denn wir haben allein die Begrüßung schon zwanzig Mal durchgespielt. Ein cooles 'Hi'? Oder ein verträumter Schleierblick? Ich probe besser noch mal die Nummer 'lässig'.
Ein Blick in den Spiegel, passt das Hemd auch wirklich zur Schlaghose oder soll ich doch besser das T-Shirt anziehen? Mist, warum ist in den entscheidenden Situationen meines Lebens keiner da, der mich berät?
Jetzt die Haare, ich bin schon ganz kribbelig. Die habe ich zwar gestern noch nachgefärbt, aber nein, ich hätte sie doch nicht waschen dürfen. Jetzt fallen sie viel zu locker.
O nein, ein fetter, leuchtender Pickel auf der Stirn blinkt mich an. Hat sich denn wirklich alles gegen mich verschworen? Ich könnte aus der Haut fahren.

Soll ich mir einen Pony schneiden, damit die Haare drüber fallen? Nein, das sieht scheußlich aus.
Da helfen eben nur Abdeckstifte in drei Versionen.
Ein Blick auf die Uhr. Es wird Zeit. Michael kommt gleich.
Hilfe, wie bekomme ich bloß eine normale Hautfarbe? Soll ich alles abwaschen? Und immer noch leuchtet der Pickel.
Jetzt komme ich wirklich in Panik und glaube, losheulen zu müssen. Das würde mir gerade noch fehlen – schwarze Tränensäcke unter den Augen!
Gerade heute muss mir das passieren, wo es doch so wichtig ist, gut auszusehen!
Es klingelt, und ich höre wie mein Bruder zur Tür geht. »Hallo, Michael, wie geht's denn so?«
Jetzt ist es wieder da, dieses flaue Gefühl, das ich hatte, als ich ihn zum ersten Mal sah. Ich höre, wie die beiden sich unterhalten, stehe vor dem Badezimmerspiegel und spüre, wie mir die Knie weich werden.
»Jetzt nur nicht umkippen«, sage ich mir immer wieder, »sei nicht albern, geh runter, er wartet auf dich!«
Ich atme nochmals tief durch, vergesse den Pickel und dass ich noch keine Socken anhabe und selbst meine einstudierte Begrüßungsnummer.
Mit seinem typischen Lächeln grinst er mich an und gibt mir das Gefühl, wie eine Schönheitskönigin auszusehen. Trotz Pickel!

Es liegt was in der Luft

Nicht erst seit Patrick Süßkind seinen Bestseller »Das Parfüm« schrieb (Vorsicht! Kein Buch für zarte Naturen!), sind Duftwässerchen jeder Schattierung in aller Nase.
Von schweren Parfümduftnoten bis zu frühlingshaft leichten Düftchen gibt es auf dem Markt alles.
Probiere doch einfach nach und nach aus, welcher Duft zu dir passt.

Die wässrig-alkoholische Lösung aus tierischen, synthetischen oder (in der Mehrzahl) pflanzlichen Duftstoffen wird von einem so genannten Parfümeur nach einem bestimmten Rezept aufeinander abgestimmt, vermischt und hergestellt. Fast immer ist dieses Rezept »geheime Chefsache«.
So genannte Fixateure (bestimmte Stoffe) sorgen dafür, dass der Duft länger auf einem Gegenstand (z. B. deiner Haut oder deinen Haaren) haften bleibt.
Für Parfüm gibt es auch mehrere andere Bezeichnungen wie Duftstoff, Duftwasser, Duft, Riechwasser, Kölnisch Wasser, Eau de Cologne oder Toilettenwasser.

Parfüm ist die Bezeichnung für einen Duftstoff in alkoholischer Lösung.
Eau de Cologne ist Kölnischwasser.
Eau de toilette bezeichnet ein Duftwasser in der Stärke zwischen Eau de Cologne und Parfüm.

Übrigens

- Schon vor 5 000 Jahren parfümierten die Ägypterinnen ihr Badewasser.
- In der Rokoko-Zeit war das Waschen und Baden verpönt. Teure Parfüms mussten herhalten, um den unangenehmen Körpergeruch zu überdecken.

Tipp

Aufpassen: Heute reagieren leider viele Menschen allergisch auf alle oder bestimmte Parfüme. Wenn das bei dir der Fall sein sollte, dann Finger weg! Auch auf 'versteckte' Parfüme solltest du dann bei der Auswahl deiner Pflegeprodukte achten. Lies dir immer erst die Inhaltsstoffe, die auf der Verpackung genannt werden müssen, genau durch!

Tipp

Auch hier gilt – wie so oft: weniger ist mehr. Wenn dich ständig eine 'Riesenwolke' eines schweren Parfüms umgibt, dann könnte es sein, dass deine Mitmenschen dich im wahrsten Sinn des Wortes 'nicht riechen können' oder von dir 'die Nase voll haben'.

- Die Behälter der Parfüms, die Flakons, haben ihre ganz eigene Entwicklung durchgemacht. Meist wurden sie kunstvoll aus Glas geschliffen. Heute machen die Formen der Flakons (zusammen mit dem Duft) das Markenzeichen eines Parfüms aus.

Heute stehe ich mal wieder ewig vor dem Kleiderschrank.
Ich finde einfach nichts, das ich anziehen könnte:
Jeans sind zu langweilig,
der Mini ist zu kalt,
die Weste zu bieder,
der bauchfreie Pulli zu raffiniert.

Außerdem weiß ich selbst nicht genau, wie meine Stimmung ist.
Geht's mir gut, dann traue ich mich, etwas Gewagtes anzuziehen.
Fühle ich mich frustriert und traurig, passt am besten schwarz.
Wenn ich mich auf einen Kampf mit meinem Lehrer einstelle, ziehe ich den roten Pulli an.
Brauche ich Sicherheit und Schutz, versuche ich möglichst nicht aufzufallen.

Ja – aber jetzt weiß ich immer noch nicht, was ich anziehen soll!!!

Entdecke deine persönlichen Bekleidungsfarben

Dein Typ ist gefragt!
Hast du das auch schon mal erlebt: Die neue Bluse – vor kurzem erst gekauft – bleibt morgens im Schrank hängen. Die Farbe ist zwar topaktuell, aber irgendwie fühlst du dich darin unwohl. Und gestern sagte deine Freundin: »Du siehst heute so blass aus. Geht's dir nicht so gut?« Dabei hattest du deinen neuen Pulli an. Offen gestanden ging es mir lange Zeit genauso und erst seitdem ich eine persönliche Farbberatung erlebt habe, weiß ich, dass viele Kleidungsprobleme mit der richtigen Farbwahl zusammenhängen.
Jeder Mensch hat von Natur aus einen individuellen Hautunterton. Deshalb passen zu jedem Typ nur gewisse Farben, während andere ungünstig erscheinen. Der Grund für diesen Unterschied liegt in unserem persönlichen Hautkolorit, das von der Augen-, Haar- und Hautfarbe bestimmt wird. Je nachdem, wie die Mischung in der Unterhaut aussieht, erscheint der Hautton warm und gold-orange oder eher kühl und bläulich-pink. Deshalb ist es von entscheidender Bedeutung, dass du herausfindest, welche Bekleidungsfarben und welches Make-up dein persönliches Kolorit ergänzen. Und falls du selbst nicht weiterkommst, empfehle ich dir, einmal eine professionelle Farbberaterin zu besuchen. Im TypColor-Verband gibt es 200 Frauen, die eine ganz persönliche Beratung anbieten.

Der Frühlingstyp

Frühlingstyp

Wenn deine Haut einen warmen Unterton hat und dein Teint zart gerötet oder durchsichtig erscheint, bist du vermutlich ein Frühlingstyp. Vielleicht hast du auch einige Sommersprossen und deine Haare leuchten hellblond oder mit einem goldfarbe-

nen Schimmer? Wenn ja, zählst du bestimmt zu den Menschen, denen strahlende und frische Farben besonders gut zu Gesicht stehen. Wichtig ist nur, dass die Farben warmtonig sind – ebenso wie deine Haut.
Bei den Rottönen wählst du am besten Abstufungen von Orangerot bis Korallenrot, aber auch helles Rostrot, Orange- und Pfirsichtöne, Lachs und Apricot kannst du bedenkenlos tragen. Bei Grün passen alle warmtonigen Mischungen zu dir von leuchtend bis zart – wie beispielsweise Apfel- und Lindgrün. Nur bei den Blautönen ist Vorsicht geboten – mit Ausnahme von Türkis und Aquamarinblau – die passen nur eingeschränkt zu dir.

Der Herbsttyp

Wie der Frühling zählt auch der Herbst zu den warmtonigen Jahreszeiten. Zu den Hauptunterschieden gehört jedoch die Haarfarbe. Herbsttypen haben meist goldene bis dunkelbraune Haare mit einem charakteristischen Rotstich: von Kastanienbraun bis hin zu Kupfer-Rotbraun reicht die Palette. Typisch für den Herbsttyp können auch rötlich schimmernde Sommersprossen sein.
Bei der Bekleidung solltest du deshalb Farben wählen, die auch in der Natur den Herbst auszeichnen. Dazu zählen in erster Linie warme und erdige Töne. Gedämpfte Gold-, Orange- und Rottöne stehen dir besonders gut. Ein warmes Grün wie beispielsweise Oliv, aber auch Khaki und ein reiches Petrolblau gehören dazu. Auch Braun und Beige kannst du gut tragen; allerdings solltest du auch dabei auf den goldenen Grundton achten. Hinzu kommen Senf- und Maisgelb oder auch Messing. Vermeide als Herbsttyp – wie auch der »Frühling« – ein reines Weiß und Schwarz. Beide Töne sind zu kalt und hart für deinen warmen Hautunterton, weil sie starke Schatten auf dein Gesicht werfen und dich von daher ungesund erscheinen lassen.

Der Sommertyp

Die beliebte Jahreszeit des Sommers ist auch bei der Farbanalyse am häufigsten anzutreffen.
Wenn deine Haut hell erscheint und einen zarten Pinkton hat, stehen die Chancen gut, dass du ebenfalls dazu gehörst. Auch »Sommer«-Sprossen, die eher Grau als Goldgelb leuchten, deuten auf einen Sommertyp hin. Die Haarfarbe ist in der Regel Blond bis Dunkelbraun, allerdings immer mit einem aschigen Unterton. Auch die Haut weist einen kühlen Unterton auf.
Zur Farbpalette des Sommertyps zählen alle rauchigen und grau gedeckten Töne. Grelle oder warmtonige Farben lassen dich dagegen krank erscheinen. Bei den Blautönen kannst du von Jeans- bis Graublau alle Nuancen wählen. Auch Rottöne mit einem blauen Unterton – wie Kirsch oder Weinrot – kleiden dich gut. Das gleiche gilt für Grün: Von Mint bis Dunkelgrün empfiehlt sich alles, sofern es einen bläulichen Schimmer hat. Optimal sind Pastelltöne wie Flieder, Rose und Pink.
Meide jedoch Gelb, Orange und Apricot. Höchstens ein sanftes Zitronengelb ist für dich geeignet. Auch bei hartem Weiß oder Schwarz solltest du Zurückhaltung üben. Besser ist ein gedecktes Weiß oder ein dunkles Grau, sowie ein schönes Graubraun.

Der Wintertyp

In der Natur prägen die Kontraste das typische Winterbild. Eine ähnliche Beobachtung kann man auch bei der menschlichen Farbanalyse machen: Wintertypen fallen durch ihre Kontraste auf. Zum einen gibt es den charakteristischen, südländischen Typ mit schwarzen Haaren und dunkler Haut. In unserer Gegend findet man dagegen mehr Wintertypen mit schwarzen Haaren und einer hellen Haut à la Schneewittchen. Der Hautunterton des Winters ist – wie beim Sommer – bläulich. Allerdings wird er auch bei starker Sonne nie richtig braun.

Dagegen wirkt der Teint oft durchsichtig und kühl. Die Haare bilden meist einen starken Kontrast, indem sie zwischen Schwarz und Dunkelbraun rangieren.
Deshalb stehen dir als Wintertyp alle leuchtenden und lebhaften Farben besonders gut.
Zudem kannst du als einziger Typ auch ein hartes Weiß beziehungsweise Schwarz tragen. Du kannst mit derart starken Kontrasten am besten spielen. Beim Einkauf solltest du alle Kleidungsstücke prüfen: Ist die Farbe klar, leuchtend und »eisig«? Hat Sie einen pink-blauen Unterton? Dies ist bei allen »eisigen« Blautönen der Fall. Auch ein kalt-leuchtendes Rot und ein grelles Pink steht dir gut. Auffallendes Grün und kaltes Türkis sowie ein klares Königs- oder Eisblau sind ebenfalls geeignet. Dabei könntest du die klar leuchtenden Farben ganz nach deiner persönlichen Laune kombinieren.

Tipps für deine Kleidung

Natürlich kannst du als Sommertyp auch einmal ganz gezielt eine Winterfarbe tragen, um damit einen besonderen Effekt zu erzielen. Wichtig ist nur, dass du die Farbgruppe beachtest, das heißt als Frühlings- oder Herbsttyp möglichst keine kalttonigen Sommer- oder Winterfarben trägst.
Und vor allem nicht miteinander kombinieren, zumal sich die Farben meist »beißen«, wie der Volksmund sagt.
Bitte stelle dir beim Probieren immer wieder die Frage: Zieht die Farbe alle Aufmerksamkeit auf sich, oder schaut man zuerst in das Gesicht, weil sich die Farbe positiv widerspiegelt?
Wenn das Letztere der Fall ist, hast du eine gute Wahl getroffen. Mit etwas Geschick und einiger Übung kannst du so in jedem Geschäft »deine« Farben herausfinden, und zwar am besten bei Tageslicht: am Fenster oder an der Tür. Gleichzeitig kannst du auch immer wieder deinen Blick schulen – für die Unterscheidung von warm- und kalttonigen Farben.

Am einfachsten findest du die richtigen Farben natürlich anhand eines Farbpasses heraus, den du im Rahmen einer persönlichen Farbberatung erhältst. Er zeigt dir auf übersichtliche Weise alle wichtigen Farben, die optimal zu deinem Typ passen, und bewahrt dich auch vor teuren Fehlkäufen.

Nähere Informationen bekommst du z.B bei TYPCOLOR, Schillerstr. 12, D-35606 Solms und im Internet unter www.farbberatung.de oder www.typcolor.de. Dort findest du auch eine Liste von allen 200 TYPCOLOR-Beraterinnen, die in Deutschland, Österreich und der Schweiz eine Farbberatung anbieten.

Markenwahn

Anke (15):

In der Schule war ich eine Außenseiterin. In meiner Klasse fand ich keinen Anschluss; ich wurde von allen gemieden – oder sie machten ihre Witze auf meine Kosten. So etwas hält auf Dauer keiner aus. Meine Eltern waren dann klasse. Sie setzten sich mit mir zusammen und überlegten, was wir machen könnten. Zusammen beschlossen wir, dass ich die Schule wechseln sollte, um in einer neuen Klasse und einer anderen Umgebung noch einmal anzufangen. Dieser Anfang war für mich wirklich wichtig.

Um bei den neuen Klassenkameraden auch einen guten Eindruck zu machen, wanderten die meisten meiner alten Klamotten in den Rot-Kreuz-Sack und meine Eltern investierten eine Menge Geld in neue Markenklamotten, mit denen

ich mich völlig neu einkleidete. Mit trendy Klamotten und neuem Selbstbewusstsein kam ich dann in meine neue Klasse und fand nicht nur gut in die Klasse hinein, sondern fühlte mich auch sehr wohl in der neuen Umgebung.
Inwiefern das an den Markenklamotten gelegen hat, weiß ich nicht. Aber ich weiß, dass ich durch meine neuen Klamotten ein neues Selbstbewusstsein bekommen habe, das mir den Start in der neuen Klasse erleichtert hat.

»Kleider machen Leute?«

Sind Klamotten wirklich so wichtig? Ich glaube, dass dieses Beispiel wirklich zu den extremen Erfahrungen gehört, aber ich weiß, dass Markenklamotten eine immer größere Bedeutung haben. Kleider sind heute nicht nur dazu da, damit man nicht nackt rumläuft, sondern sie sind auch Erkennungsmerkmal. »Zeig mir deine Klamotten und ich sag dir, wer du bist!« Wer zu einer gewissen Gruppe gehören will, muss den Kleiderkodex beachten. Ich kann als Skater kein *Adidas*-Shirt tragen, das zu den Streetball-Leuten gehört, sondern ich muss Klamotten von *Pash, Bufferlo* oder *Miss Sixties* haben. Es genügt heute oftmals nicht, die Musik von *Westbam* supi zu finden, nein, man braucht auch dieselben Klamotten wie er!
»Markenkult« ist eines der wichtigsten Trendwörter unseres ausgehenden Jahrzehnts. Umso mehr ich mich mit einer Szene oder Clique identifiziere, um so genauer muss ich mich dem vorgegebenen Kleidungskodex anpassen, um auch richtig dazuzugehören. Es gibt so viele verschiedene Szenen und Stile, dass es unwahrscheinlich wichtig ist, mich richtig zu kleiden, sonst kann man meine Zugehörigkeit nicht richtig einordnen und mich vielleicht in die falsche Szene stecken! Und das wäre eine Katastrophe! Also vom Käppi bis zu den Schnürsenkeln – alles muss stimmen.

TIPP

Das Problem, das du (und viele Teens mit dir) dabei heute hast: »Kohle«. Je exklusiver die Klamotten sind, umso teurer sind sie! Umso näher sie am neusten Trend dran sind, umso mehr Geld musst du investieren. Neigt sich der Trend dem Ende entgegen, sinken auch die Preise wieder.

Und die großen Firmen tun alles, um ihre Marken zu vermarkten. *Trendscouts* und Marketingexperten sind ständig auf der Suche nach den neusten Trends, die sie euch dann appetitgerecht servieren, so dass ihr einfach nicht nein sagen könnt. Dabei spielt die Werbung eine immer größere und wichtigere Rolle. War früher die Werbung eine kurze Information, sind heute die meisten jugendorientierten Werbefilme MTVmäßige Werbeclips, die das Lebensgefühl der jungen Generation ansprechen. Dabei werden Stars von großen Konzernen dazu benutzt, die verschiedensten Produkte zu vermarkten. So werben Models, Sportler und Popstars für Parfüms (Spicegirls), Turnschuhe (Michael Jordan, Lars Ricken), Getränke (Cindy Crawford), Nuss-Nougat-Creme (Boris Becker) und vieles mehr.

»Wer die Wahl hat, hat die Qual«

Ein Problem, das vielen Mädchen (und Jungen) Schwierigkeiten macht, ist die Qual der Wahl. Überall werden Produkte als neueste Trendmarken angeboten, die scheinbar total wichtig sind, um zur Zeit *hip* zu sein. Es gibt eben nicht nur Nike Turnschuhe, sondern auch noch 25 andere unwahrscheinlich wichtige Marken. Es gibt nicht nur ein Teenmagazin, sondern noch 30 weitere Teenmagazine. Welches soll ich jetzt kaufen? Was bringt mir am meisten? Wo werde ich am besten (objektivsten?) informiert? Was lesen oder tragen meine Freunde gerade? Hier liegt, glaube ich, die größte Gefahr bei all den Trends und Auswahlmöglichkeiten, man(n) oder Frau lässt sich leicht verrückt machen und denkt, dass das ganze Leben oder zumindest das momentane Selbstbewusstsein davon abhängt, ob ich gerade *in* bin oder nicht. Ob ich mich durch meine Klamotten zu meiner Clique »bekenne« oder ob meine Inliner genauso teuer und kultig sind wie die meiner Freunde. Es ist gut, dass wir heute so eine große Auswahl haben, aber es ist auch schwer, die richtigen Entscheidungen zu treffen. Und genau das verstehen deine Eltern und viele andere Erwachsene nicht.

»Alles hat ein Ende …«

Als durchschnittlicher Teenager kannst du dir nicht alle Markensachen leisten und schon gar nicht jedem Trend hinterherrennen. Nein, du musst genau überlegen, was du willst und was du dir wirklich kaufst. Diese Entscheidungen sind gar nicht so einfach zu fällen und machen vielen Mädchen Probleme. Das ist auch völlig in Ordnung und legitim. Aber du solltest nicht vergessen, dass alle Trends wieder vorbeigehen und durch neue und natürlich viel bessere abgelöst werden. Dass Markenklamotten zwar oftmals aus guter Qualität bestehen und den Leuten um mich herum zeigen können, wer ich nach außen hin bin, aber ich mich auch wunderbar dahinter verstecken kann. Marken können viel repräsentieren, sie können helfen, mich mit einer bestimmten Sache oder auch Szene zu identifizieren, sie können mir sogar mehr Selbstvertrauen und Sicherheit geben, aber sie machen weder glücklich noch richtig zufrieden und können schon gar keine Freundschaften schließen.

TIPP

Lass dich nicht von Markenklamotten und coolen Sprüchen blenden, sondern suche dir Freundinnen, die dich so akzeptieren und mögen, wie du wirklich bist – mit Markenklamotten oder ohne! Das ist es, was wirklich zählt!

ERNÄHRUNG

Ich darf so bleiben, wie ich bin?!

Hast du dir auch schon mal Gedanken über deine Figur gemacht? Zu welchem Ergebnis bist du denn dann gekommen? Findest du deine Figur o.k.? Oder dachtest du eher, du wärst zu dick oder zu dünn? Überlege mal, was dir deine Konfektionsgröße bedeutet. Welche Rolle spielt sie? Hast du auch schon die eine oder andere Diät ausprobiert? Kontrollierst du regelmäßig dein Gewicht?

Unser Leben wird heutzutage sehr stark von unserer Umwelt beeinflusst. Dies gilt besonders für unser äußeres Erscheinungsbild. Im Fernsehen, in Zeitschriften und auf Werbeplakaten wird uns immer wieder gezeigt, was die »ideale« Figur einer Frau ist. Es wird uns vermittelt, dass nur die »ideale Figur« uns das Tor zum Erfolg in Beruf und Liebe öffnet. Aber sind wir doch ehrlich, die wenigsten von uns Frauen haben diese Figur. Aber deshalb sind wir doch nicht weniger wertvoll und wichtig, oder?

Hast du schon mal versucht die »ideale Figur« zu erreichen? Wir haben die Möglichkeit, aus zahlreichen Diäten eine Diät auszusuchen, die uns vielleicht am geeignetsten scheint die Wunsch-Figur zu verwirklichen.
Eines haben diese Diäten ja alle gemeinsam: Sie versprechen uns eine große Gewichtsabnahme in kurzer Zeit. Dieses Angebot ist natürlich verlockend. Denn wer hätte nicht gerne binnen kürzester Zeit seine Traumfigur erreicht. Dafür verzichtet man ja gerne für ein paar Tage auf seine Lieblingsspeisen.
Es ist nur leider so, dass eine Gewichtszunahme nach der Beendigung der Diät bereits vorprogrammiert ist. Man nennt dies den »Jojo-Effekt«.

Die Ursache des »Jojo-Effektes« liegt darin, dass eine Gewichtsabnahme von 3–4 Kilo pro Woche, die von den Diäten vorgegeben ist, eigentlich gar nicht möglich ist. Die hohe Gewichtsabnahme nach einer Diät ist in aller Regel auf einen hohen Verlust an Wasser und Muskelmasse zurückzuführen. Fett, das man eigentlich loswerden wollte, wurde hingegen kaum abgebaut. Um Fett abbauen zu können, braucht unser Körper nämlich wesentlich mehr Zeit. Wenn man 1 kg an Körperfett verlieren will, so muss man dazu ungefähr 7 000 Kalorien einsparen.
Im Gegensatz dazu muss man, um 1 Kilo an Gewicht zuzunehmen, nur ca. 3 500 Kalorien zusätzlich aufnehmen. Im Durchschnitt braucht man allerdings pro Tag 2 000 Kalorien. Eine weitere Gefahr der Diäten ist der große Abbau an Muskelmasse. Muskelmasse ist die Masse im Körper, die einen sehr hohen Energieverbrauch hat. Die Folge der Diäten ist eine Senkung des Energieverbrauchs. Die Folge? Wenn wir nach Beendigung einer Diät weiter essen wie vorher, ist eine Gewichtszunahme vorprogrammiert, da unser Körper nun für die gleichen Tätigkeiten weniger Energie verbraucht als vorher.

»Wohlfühlgewicht« – was ist das eigentlich?

In der Wissenschaft hat man immer wieder versucht mit Hilfe von Formeln ein Körpergewicht festzulegen, das für den Menschen optimal im Hinblick auf seine Gesundheit ist. So galt lange Zeit als Normalgewicht das Broca-Gewicht:
Broca-Gewicht (kg) = Körpergröße (cm) – 100

Später kam noch das Idealgewicht dazu.

Idealgewicht bei Männern:	**Broca-Gewicht (kg) – 10%**
Idealgewicht bei Frauen:	**Broca-Gewicht (kg) – 15%**

Allerdings hat man im Lauf der Jahre festgestellt, dass es bei vielen Menschen mit Idealgewicht zu Kreislaufbeschwerden kommt. Somit konnte das Idealgewicht im Blick auf das Wohlergehen und die

Gesundheit der Menschen eigentlich doch nicht so ideal sein. Aus diesem Grund hat man nun in den letzten Jahren den Body-Mass-Index (BMI) entwickelt. Der BMI lässt durchaus eine große Schwankungsbreite bezüglich der Relation Körpergröße und -gewicht zu. Es wurde nämlich erkannt, dass jeder Mensch ein individuelles Wohlfühlgewicht hat. Der BMI lässt einen großen Bereich zu, den man als Wohlfühlgewicht bezeichnet. Natürlich gibt es beim BMI Grenzen nach oben und unten. Denn Übergewicht bzw. Untergewicht können zu gesundheitlichen Problemen führen.

Berechnung des BMI

$$\text{BMI} = \frac{\text{Körpergewicht in kg}}{\text{Körpergröße}^2}$$

Tabelle für das relative Körpergewicht

Wenn du der folgenden Tabelle von deiner Körpergröße und deinem aktuellen Gewicht deinen Schnittpunktwert entnommen hast, kannst du diesen Wert anhand der darauf folgenden Tabelle einschätzen.

		Körpergewicht in kg												
		50	**52**	**54**	**56**	**58**	**60**	**62**	**64**	**66**	**68**	**70**	**72**	**74**
Körper-	**200**	13	13	14	14	15	15	16	16	17	17	18	18	19
größe	**198**	13	13	14	14	15	15	16	16	17	17	18	18	19
in cm	**196**	13	14	14	15	15	16	16	17	17	18	18	19	19
	194	13	14	14	15	15	16	16	17	18	18	19	19	19
	192	14	14	15	15	16	16	17	17	18	18	19	20	20
	190	14	14	15	16	16	17	17	18	18	19	19	20	20
	188	14	15	15	16	16	17	18	18	19	19	20	20	21
	186	14	15	16	16	17	17	18	18	19	20	20	21	21
	184	15	15	16	17	17	18	18	19	19	20	21	21	22
	182	15	16	16	17	18	18	19	19	20	21	21	22	22
	180	15	16	17	17	18	19	19	20	20	21	22	22	23
	178	16	16	17	18	18	19	20	20	21	21	22	23	23
	176	16	17	17	18	19	19	20	21	21	22	23	23	24
	174	17	17	18	18	19	20	20	21	22	22	23	24	24

	Körpergewicht in kg												
	50	**52**	**54**	**56**	**58**	**60**	**62**	**64**	**66**	**68**	**70**	**72**	**74**
172	17	18	18	19	20	20	21	22	22	23	24	24	25
170	17	18	19	19	20	21	21	22	23	24	24	25	26
168	18	18	19	20	21	21	22	23	23	24	25	26	26
166	18	19	20	20	21	22	22	23	24	25	25	26	27
164	19	19	20	21	22	22	23	24	25	25	26	27	28
162	19	20	21	21	22	23	24	24	25	26	27	27	28
160	20	20	21	22	23	23	24	25	26	27	27	28	29
158	20	21	22	22	23	24	25	26	26	27	28	29	30
156	21	21	22	23	24	25	25	26	27	28	29	30	30
154	21	22	23	24	24	25	26	27	28	29	30	30	31
152	22	23	23	24	25	26	27	28	29	29	30	31	32

		Körpergewicht in kg												
		76	**78**	**80**	**82**	**84**	**86**	**88**	**90**	**92**	**94**	**96**	**98**	**100**
Körper-größe in cm	**200**	19	20	20	21	21	22	22	23	23	24	24	25	25
	198	19	20	20	21	21	22	22	23	23	24	24	25	26
	196	20	20	21	21	22	22	23	23	24	24	25	26	26
	194	20	21	21	22	22	22	23	23	24	25	26	26	27
	192	21	21	22	22	23	23	24	24	25	25	26	27	27
	190	21	22	22	23	23	24	24	25	25	26	27	27	28
	188	22	22	23	23	24	24	25	25	26	27	27	28	28
	186	22	23	23	24	24	25	25	26	27	27	28	28	29
	184	22	23	24	24	25	25	26	27	27	28	28	29	30
	182	23	24	24	25	25	26	27	27	28	28	29	30	30
	180	23	24	25	25	26	27	27	28	28	29	30	30	31
	178	24	25	25	26	27	27	28	28	29	30	30	31	32
	176	25	25	26	26	27	28	28	29	30	30	31	32	32
	174	25	26	26	27	28	28	29	30	30	31	32	32	33
	172	26	26	27	28	28	29	30	30	31	32	32	33	34
	170	26	27	28	28	29	30	30	31	32	33	33	34	35
	168	27	28	28	29	30	30	31	32	33	33	34	35	35
	166	28	28	29	30	30	31	32	33	33	34	35	36	36
	164	28	29	30	30	31	32	33	33	34	35	36	36	37
	162	29	30	30	31	32	33	34	34	35	36	37	37	38
	160	30	30	31	32	33	34	34	35	36	37	38	38	39
	158	30	31	32	33	34	34	35	36	37	38	38	39	40
	156	31	32	33	34	35	35	36	37	38	39	39	40	41
	154	32	33	34	35	35	36	37	38	39	40	40	41	42
	152	33	34	35	35	36	37	38	39	40	41	42	42	43

Quelle: Verbraucher-Zentrale Nordrhein-Westfalen e.V.: Gewicht im Griff 1999

Bewertung des BMI nach der höchsten Lebenserwartung ohne Berücksichtigung des Alters bei Frauen:

Klassifikation	BMI Frauen
Untergewicht	< 19
Normalgewicht	19–24
Übergewicht	24–30
Adipositas	30–40
Massive Adipositas	> 40

Quelle: Verbraucher-Zentrale Nordrhein-Westfalen e.V.: Gewicht im Griff 1999

Tipp

Eine gehörige Portion Selbstbewusstsein ist heutzutage für das persönliche Wohlfühlgewicht erforderlich. Denn es entspricht häufig nicht den »Modetrends« in unserer Gesellschaft, die uns in der Werbung vermittelt werden.

Dein Wohlfühlgewicht sollte bei einem BMI zwischen 19 und 24 liegen. Liegt dein BMI unter 19, so ist die Gefahr sehr groß, dass dein Körper nicht ausreichend mit Nährstoffen versorgt ist, da zu wenig Nahrung aufgenommen wird. Die Folge ist ein Vitamin- und Mineralstoffmangel. Der BMI sollte aber auch nicht über 24 liegen, da Übergewicht unser Herz-Kreislaufsystem unnötig stark belastet.

Kalorien zählen ist out!

kalorien

Immer häufiger findet man auf Verpackungen von Lebensmitteln Kalorienangaben. Bei sämtlichen Diäten wird immer in Kalorien gerechnet. Die Anzahl der Kalorien bestimmt somit die Menge, die gegessen werden darf. Eigentlich wäre es ja sinnvoller, wenn unser Hunger bestimmt, wie viel wir essen.

Es ist zwar durchaus sinnvoll zu wissen, welche Lebensmittel viel und welche weniger Kalorien haben. Aber es sollte nicht so sein, dass wir unsere Essensmenge durch Kalorien zählen bestimmen und somit versuchen, unser Gewicht im Griff zu haben.

Tipps für eine gesunde Ernährung

1. 5 kleine Mahlzeiten am Tag verhindern den großen Heißhunger!
2. Vollkornbrot, -brötchen, -nudeln usw. sind nicht nur gesund auf Grund des hohen Mineralstoff-, Vitamin- und Ballaststoffgehaltes, sie machen auch schneller und länger satt!
3. Zur Stärkung der Abwehrkräfte: Obst und Gemüse sind vitamin- und mineralstoffreich, deshalb stärken sie unsere Gesundheit. Obst ist die ideale Zwischenmahlzeit, wenn der Hunger sich meldet. Empfehlung: 5 Portionen Obst und Gemüse am Tag.
4. Täglich 1½ – 2 Liter trinken! Am besten eignen sich Mineralwasser, Tee oder verdünnte Obst- und Gemüsesäfte. (Manchmal verwechseln wir auch Hunger mit Durst.)
5. Milchprodukte enthalten viel Calcium, das für unsere Knochen wichtig ist. Gerade im Wachstumsalter brauchen wir sehr viel Calcium!
6. Fleisch ist ein wichtiger Eiweiß- und Eisen-Lieferant! Aber wir brauchen es nicht jeden Tag. Es reicht, wenn wir 2–3 mal pro Woche 100–150 g essen. Wurst enthält sehr viel Fett und im Vergleich zu Fleisch weniger Mineralstoffe. Deshalb: Lieber das Brot etwas dicker und die Wurst dünner schneiden.
7. 1–2 mal pro Woche Fisch! So bekommt unsere Schilddrüse genügend Jod. Außerdem enthält er lebensnotwendige ungesättigte Fettsäuren und viel Eiweiß. Sie belasten den Fettstoffwechsel nicht so wie Fleisch.
8. Sparsam umgehen mit Streichfett wie z.B. Butter! Achte auch auf die versteckten Fette in Wurst und Milchprodukten, aber natürlich auch in Süßigkeiten.

Energie, die vom Körper nicht gebraucht wird, wird in Fett umgewandelt. Das bedeutet, wenn ich zu viel fettreiche Lebensmittel wie Pommes, Chips, Hamburger usw. und Süßigkeiten zu mir nehme oder einfach zu viel oder zu einseitig esse (z. B. viel Fleisch, wenig Getreideprodukte, Obst und Gemüse), kann mein Körper nicht optimal funktionieren.

Tipp

Vernünftige Ernährung, sich wohl fühlen und ein gut funktionierendes Immunsystem liegen dicht beeinander.

Mangelerscheinungen wie z.B. Müdigkeit oder Verdauungsstörungen können auftreten.

Der Überschuss an Fett belastet unsere Blutgefäße (Cholesterin), Herz und Kreislauf und letztlich auch unsere Figur.

Verwende für die Zubereitung von Salaten oder zum Braten pflanzliche Öle. Denn pflanzliches Fett enthält im Gegensatz zu tierischem Fett kein Cholesterin.

Natürlich werden gesundheitliche Probleme oder Schäden nicht von heute auf morgen sichtbar. Oft zeigt es sich erst nach Jahren. Dann ist es aber ein schwieriger und langer Weg, seine Essgewohnheiten umzustellen.

Leckere Rezepte für ein gemütliches Zusammensein mit Freundinnen

Karotten-Nuss-Kuchen

5		*Eier*
120	*g*	*Zucker*
250	*g*	*Karotten*
250	*g*	*Haselnüsse*
80	*g*	*Weizen*
½	*TL*	*Backpulver*
1	*Msp.*	*Zimt*

Und so wird's gemacht:

Die Eier trennen. Die Eigelbe und den Zucker zusammen mit dem Zimt schaumig schlagen.

Den Backofen auf 180 bis 200°C vorheizen. Die geputzten, gewaschenen Karotten und die Haselnüsse fein reiben. Den Weizen fein mahlen und mit dem Backpulver mischen. Mit den Karotten und den Haselnüssen zur Eimasse geben.

Die Eiweiße steif schlagen und locker unter die Eigelbmasse heben. Den Teig in eine mit Butter ausgefettete Springform geben.

Den Kuchen etwa 40 Minuten backen.

Vollkorn-Gemüse-Lasagne

Für 4 Personen

250	*g*	*Vollkorn-Lasagne-Nudeln (z. B. aus dem Naturkostladen)*
750	*g*	*Gemüse (Paprika, Möhren, Sellerie, Lauch, Kohlrabi, Brokkoli)*
100	*ml*	*Gemüsebrühe*
150	*g*	*geriebener Gouda*
1		*Zwiebel*
1	*EL*	*Öl*
1	*EL*	*Butter*
2	*EL*	*Tomatenmark*
1/4	*l*	*Milch*
1/2	*l*	*Gemüsebrühe*
60	*g*	*Weizenvollkornmehl*
		Salz
		Pfeffer
		Oregano, Thymian, Basilikum, Rosmarin

Und so wird's gemacht:

Für die Soße Zwiebeln würfeln und in Butter andünsten. Weizenvollkornmehl einrühren und kurz anschwitzen. Milch und Brühe hinzugeben und unter Rühren aufkochen lassen. Das Tomatenmark hinzugeben und unter Rühren aufkochen lassen. Mit Salz, Pfeffer und den Kräutern abschmecken.

Das Gemüse waschen, putzen und in dünne Scheiben, Ringe oder Stücke schneiden und in dem Öl andünsten.

In einer Auflaufform abwechselnd die Nudeln, das Gemüse, die Sauce und den Käse schichten. Zum Schluss die Lasagne mit Käse bestreuen.

Die Form in den vorgeheizten Backofen schieben und bei 180°C ca. 35–40 Minuten backen.

Ess-Störungen auf dem Vormarsch!

In den letzten Jahren wurde immer häufiger beobachtet, dass gerade junge Menschen an Ess-Störungen leiden. Zu den wichtigsten Ess-Störungen gehören:

Magersucht (Anorexia nervosa)
Ess-Brech-Sucht (Bulimia nervosa)

Auffallend ist, dass gerade Mädchen und junge Frauen zwischen 13 und 25 Jahren von diesen Ess-Störungen betroffen sind. Nur etwa 5% aller Betroffenen sind männlich.

Warum sind Jungs weniger betroffen?

Ess-Störungen sind eine Begleiterscheinung unseres Wohlstandes. Die Zahl der an Ess-Störung leidenden Mädchen und Frauen hat seit den 50er Jahren ständig zugenommen.

Ein Grund für die Zunahme der Ess-Störungen ist auch der Wandel der Rolle der Frau in der Gesellschaft und Familie im Laufe der vergangenen Jahre. Früher war die Rollenverteilung in der Familie per Gesetz geregelt. Der Vater war der Ernährer und die Frau war für den Haushalt und die Kinder zuständig. Erst Mitte der 50er Jahre wurde diese Gesetzesregelung aufgehoben. Dadurch bekamen die Frauen nun mehr Freiheit. Immer häufiger konnte man beobachten, dass nun Frauen neben Haushalt und Kindern ihrem Beruf nachgingen. Berufstätige Frauen mit Haushalt und Kindern sind aber einer wesentlich höheren Belastung ausgesetzt. Sehr viel Energie ist notwendig, um diese Aufgaben alle erfüllen zu können. Die Ansprüche an eine Frau sind im Lauf der Jahre immer größer geworden. Außer einer guten Hausfrau und Mutter werden heutzutage auch noch Attraktivität und beruflicher Erfolg erwartet.

In den letzten 50 Jahren hat sich die Rolle der Frau in unserer Gesellschaft drastisch verändert. Männer hingegen sind bis heute in aller Regel ihrer traditionellen Rolle, nämlich der »Mann als Ernährer«, weitgehend treu geblieben. Für Männer spielt außerdem die eigene körperliche Attraktivität im Vergleich zu Frauen eine sehr viel geringere Rolle bei der Bildung des Selbstwertgefühles. Dies ist sicher auch ein Grund dafür, dass wesentlich weniger Männer an Ess-Störungen leiden im Vergleich zu Frauen und Mädchen.

Tipp

Eine ganz große Rolle spielt das Schlankheitsideal. Schlankheit steht heute in unserer Gesellschaft für Schönheit, Attraktivität, Dynamik und Erfolg. Diese Erwartungen und Ansprüche, die damit an Mädchen und Frauen gestellt werden, sind sicherlich ein wichtiger Grund dafür, dass viele Mädchen und junge Frauen mit ihrem Körper unzufrieden sind.

Die Entwicklung einer Ess-Störung ist häufig auch eine Flucht vor dem steigenden gesellschaftlichen Druck. Ess-Störungen werden oft von Mädchen entwickelt, die, zumindest nach außen hin, in einer sehr intakten Familie leben. Betroffen sind gerade Mädchen, die versucht haben, ihren Eltern immer alles recht zu machen. Sie haben sich vorbildhaft verhalten und galten bei Erwachsenen als »Musterkind«. Die Entwicklung einer Ess-Störung ist für diese Mädchen eine Art Ausdrucksform, in der sie signalisieren möchten: »Ich bin auch eine Persönlichkeit und nicht nur die Marionette meiner Eltern.«

Ein betroffenes Mädchen:
»Ich war in meinem Kampf um Eigenständigkeit gescheitert und hatte dadurch immer mehr an Selbstvertrauen verloren. Ich hasste mich dafür, meine Ziele nicht erreicht zu haben und wollte über einen anderen Weg beweisen, dass ich stark sein konnte. Hungern können beweist Stärke und Willen; Hungern macht stark und mächtig, gleichzeitig aber auch schwach. So konnte ich durch Hungern Stärke beweisen und auf gesellschaftliche Weise Schwäche ausdrücken, die ich sonst niemals zugeben durfte.«[1]

Der Weg zur Ess-Störung

Die Werbung beeinflusst zunehmend unser Denken und Handeln. Es werden uns dort Models gezeigt, die eigentlich mit einer fraulichen Figur überhaupt nichts mehr zu tun haben. Du musst dir das einfach einmal klar machen, dass ein Model der heutigen Zeit zwischen 23 und 25% weniger wiegt als die durchschnittliche Frau. Aber gerade diese Models haben eine Vorbildfunktion für junge Mädchen. Sie wünschen sich eben gerade diese knabenhafte – kantige »Idealfigur« und scheuen keine Mühe, diese Figur zur erreichen. Die Angst vor dem Dickwerden führt oft zu einem gezügelten Essverhalten. Die Mädchen verbieten sich mehr und mehr leibliche Genüsse, lassen Mahlzeiten aus, setzen sich auf Diät oder fasten.
Eine ganz wichtige Rolle spielt auch die Waage. Sie ist das beste Kontrollinstrument und zeigt an, ob eine angestrebte Hungerleistung erbracht wurde oder nicht. Mehrmals tägliches Wiegen wird zum Ritual. Die Waage entscheidet über die Stimmung. Bei erfolgreicher Abnahme entstehen »Glücksgefühle«, bei Misserfolg kommt es zu depressiver Stimmung.
Um möglichst viele Kalorien zu verbrennen ist ein intensives sportliches Training zu beobachten. Joggen, Schwimmen, Aerobic und Gymnastik können manchmal mehrere Stunden pro Tag in Anspruch nehmen (Tabula Nr. 2/Juni 97).

---

[1] (Gerlinghoff, Backmund, Mai 1997, Magersucht und Bulimie, S.131)

Magersucht

Magersucht bei Mädchen beginnt häufig in der Pubertät. Der Körper verändert sich. Die Entwicklung der weiblichen Rundungen wird von manchen Mädchen als Bedrohung angesehen. Denn sie bedeuten das Ende der Kindheit. Viele haben Angst vor dem Erwachsenwerden, vor der neuen Rolle als Frau, vor der Sexualität. Sie versuchen durch das Hungern ihre Situation zu bewältigen, denn durch eine sehr starke Gewichtsabnahme lässt sich die körperliche Entwicklung bremsen. Die Menstruation bleibt bei Magersüchtigen aus oder tritt erst gar nicht ein, was als sehr positiv empfunden wird.

Charakteristisch für die Magersucht ist, dass die betroffenen Mädchen ihre Krankheit nicht als solche anerkennen. Im Gegenteil, sie behaupten, dass sie sich sehr wohl fühlen. Außerdem ist ihre Körperwahrnehmung gestört. Sie behaupten immer, sie wären zu dick, obwohl sie bereits extrem untergewichtig sind. Sie üben mit ihrer Krankheit eine gewisse Macht auf ihre Umwelt aus.

Eine Betroffene:
»Mit der Magersucht konnte ich die Garantie haben, dass die Eltern weiter für mich sorgen, aber ich konnte damit auch Eigenständigkeit und Auflehnung demonstrieren. Ich hielt die Fäden in der Hand, war absoluter Mittelpunkt in meiner Familie.«[2]

Magersüchtige haben Hunger und Appetit. Aber sie verbieten es sich, auf diese natürlichen Bedürfnisse des Körpers zu reagieren. Deshalb entwickeln sie verschiedene Methoden, um das sich immer wieder meldende Signal des Körpers, nämlich Hunger, befriedigen zu können.

2 (Gerlinghoff, Backmund, Mai 1997, Magersucht und Bulimie, S. 142)

Beispielsweise können Magersüchtige stundenlang an einem Stückchen Brot herumkauen oder essen die Suppe mit einem kleinen Löffel. Eine andere Strategie zur Bewältigung des Hungers ist z.B. das Einkaufen von Lebensmitteln. Ebenso eine Lieblingsbeschäftigung von Magersüchtigen ist das Bekochen von Familienangehörigen und Freunden, ohne dabei aber selbst etwas zu essen, da sie angeblich keinen Hunger haben. Sie bestehen aber auch darauf, dass das Gekochte leer gegessen werden muss.

Tipp

Eine Bulimie kann sich aber auch ohne eine vorhergehende Magersucht entwickeln. In der Regel sind eine oder mehrere Abmagerungskuren der Einstieg in die Bulimie.

Ess-Brech-Sucht (Bulimie)

Bulimie ist häufig die Folge von Magersucht. Ca. 60% der Magersüchtigen werden irgendwann ess-brech-süchtig. Ursache ist, dass die Magersüchtigen irgendwann das starke Hungergefühl nicht mehr aushalten und plötzlich anfangen, Unmengen an Lebensmitteln in sich hineinzustopfen. Diesen Fressattacken folgt dann das Erbrechen.

Das Problem der Bulimikerinnen ist jedoch das Halten ihres Gewichtes, da immer wieder nach einer Zeit, in der sie wenig gegessen haben, eine Heißhungerattacke auftritt. Während eines Heißhungers werden dann Unmengen an Lebensmitteln gegessen und bis zu 10 000 Kalorien aufgenommen. Bei diesen Heißhungerattacken werden gerade solche Lebensmittel verzehrt, die normalerweise verboten sind. Dazu gehören Süßigkeiten, Kekse, Eis, Nudeln usw. Nach der Fressattacke wird durch Erbrechen oder Abführmittel versucht, das Zuviel an Kalorien wieder loszuwerden. Ein Teufelskreis entsteht. Die Heißhungeranfälle häufen sich. Waren es am Anfang noch 2-3 Essanfälle pro Woche, so kann es sich bis zu mehreren Essanfällen pro Tag steigern.

Tipp

Bulimikerinnen unterscheiden sich deutlich von Magersüchtigen. Sie haben in der Regel Normalgewicht, streben eine makellose Figur an und haben eine extreme Angst vor Gewichtszunahme. Außerdem wissen sie um ihre Krankheit.

Wichtige Kennzeichen der Magersucht

- Körpergewicht liegt mindestens 15% unter dem Normalgewicht
- ständige Angst vor Gewichtszunahme
- gestörte Körperwahrnehmung (du bist mager, glaubst aber, du seist furchtbar dick)
- ständige Beschäftigung mit dem Essen
- Leugnen der Krankheit

Kennzeichen der Bulimie

- Zwang zum Essen (»Fressanfälle«)
- selbst ausgelöstes Erbrechen
- ständige Angst vor einer Gewichtszunahme
- ständige Beschäftigung mit dem Essen
- ausgeprägtes Krankheitsbewusstsein mit belastendem Leidensdruck

Wo finde ich Hilfe?

Dick und Dünn e.V.
Beratungszentrum bei Ess-Störungen
Innsbrucker Straße 25
10825 Berlin
Fon: (030) 8544994

Die Waage e. V.
Kontakt, Information und Beratung für Frauen
mit Ess-Störungen
Schopstraße 1
20255 Hamburg
Fon: (040) 4914941

Bielefelder Zentrum für Ess-Störungen e.V.
Marktstraße 35
33602 Bielefeld
Fon: (0521) 65929

Kabera e.V.
Beratung bei Ess-Störungen
Kurt-Schumacher-Straße 2
34117 Kassel
Fon: (0561) 780505

Frauen Lernen Leben e. V.
Hausemannstraße 43
50823 Köln
Fon: (0221) 521579

Frankfurter Zentrum für Ess-Störungen e.V.
Hansaallee 18
60322 Frankfurt
Fon: (069) 550176

Deutsche Intergruppe der OA
(Overeater Anonymus)
Im Winkelrain 22
72076 Tübingen

Aktionskreis Ess- und Magersucht Cinderella e.V.
Westendstraße 35
80339 München
Fon: (089) 5021212

ANAD
Anorexia, Bulimia nervosa e.V.
Ungererstraße 32
80802 München
Fon: (089) 333877

Kannen-Geheimnisse

Triffst du dich gerne mit Freundinnen zu einem Plausch bei einem Tee?
Dann interessiert dich vielleicht, was Tee eigentlich ist.
Laut Lexikon ist Tee »ein immergrüner, ostasiatischer Strauch, dessen Blätter weiterverarbeitet werden«.
Ein genussvolles Getränk wird daraus, wenn wir die Blätter mit heißem Wasser aufgießen.

Natürlich gibt es auch die reinsten Teezeremonien.
In *Japan* gibt es Spezialschulen, in denen die richtige Art der Zubereitung und des Servierens gelehrt wird.
Was die Teekultur betrifft ist, so gilt immer noch Großbritannien als führend (es hat schließlich auch schon eine 300-jährige Erfahrung; 1657 wurde das erste Teehaus in London eröffnet). Dort wird z. B. zuerst Milch in die Tasse gegeben und dann der Tee eingeschenkt. (Aber Vorsicht! Der Geschmack von grünem oder leicht schwarzem Tee verändert sich mit der Zugabe von Milch eher nachteilig. Allerdings ist das alles Geschmackssache!)
Der grüne Tee wird in *China* zuerst für eine Minute ziehen gelassen, dann schüttet man den Aufguss weg und überbrüht dieselben Teeblätter ein zweites Mal. Dieser Aufguss ist dann nach ca. drei Minuten 'servierfertig'.
Andere Länder, andere Sitten: In *China* sollen die Blätter des grünen Tee auch zur Zahnpflege gekaut werden (grüner Tee enthält viel Fluor).

Tipp!

Als 'Faustregel' für die Zubereitung von Tee gilt: Kanne mit heißem Wasser vorwärmen. Pro Tasse ca. 1 Teelöffel Tee in das Teesieb oder die Kanne geben. Mit der entsprechenden Menge abgekochten Wassers aufgießen und drei bis fünf Minuten ziehen lassen. Nach drei Minuten wirkt der Tee eher anregend, nach fünf Minuten 'Ziehzeit' beruhigend.

In vielen Tee-Läden gibt es inzwischen eine verwirrende Auswahl von Sorten. Unser kleines Tee-Lexikon soll dir ein wenig den Überblick erleichtern:

Autumnal: Erntezeit des Tees liegt im Herbst
Blend: Mischung aus verschiedenen Teesorten
Broken: meist durch Rollen oder Schneiden zerkleinerte Blätter des Tees

First flush:	Tee der ersten Ernte nach dem Zurückschneiden der Triebe
Flowery:	jüngste Blätter werden für diesen Tee verwendet
Golden:	Teeblätter mit hellen Spitzen werden dazu verwendet
Orange:	bezeichnet die Größe der Teeblätter
Pekoe:	Beschaffenheit der Blätter: harte, leicht flaumige Frühjahrsknospe des Teestrauchs
Regentee:	Erntezeit liegt zwischen August bis Oktober (während der Regenzeit)
Second flush:	Erntezeit des Tees liegt zwischen Mai und Juni
Thein:	das im Tee enthaltene Koffein

Die Teebezeichnungen richten sich also nach verschiedenen Gesichtspunkten:
Teequalität, Erntezeit, geografisches Gebiet (z.B. Assam, Ceylon, China) oder nach den Beigaben (z.B. Jasmin-Tee, Pflaumen-Tee).

180

Mein Liebes Tagebuch!

Jetzt kritzle ich schon deine letzten Seiten voll. Wenn ich in dir blättere, glaube ich manchmal selbst nicht, dass ich das alles geschrieben habe. Nur gut, dass es kein anderer liest und nur du dir mein Gesülze anhören musstest. Aber es hat mir echt gut getan, dass ich mir bei dir Luft machen konnte.

Ich verschließe dich jetzt und stecke dich in meine Schublade, aber keine Angst, ich hole dich sicher mal wieder heraus, um in dir zu schmökern. Schließlich gehörst du zu einem Teil meiner Lebensgeschichte. Obwohl du eine Menge Kummer und Tränen von mir kennst, bin ich Gott doch unendlich dankbar, dass er mich bisher nie im Stich gelassen hat.

Frei wie eine Wolke

Sie kommt und geht.
Sie kommt von dort, wo Gott es bestimmt,
sie geht dorthin, wo Gott es will.
Und doch ist sie frei.
Frei von Sorgen, frei vom Muss,
frei vom Druck der Mitmenschen,
frei von Gewalt, frei von allem, einfach frei.

Ich möchte frei sein, wie die Wolke.
Sie ist sie selbst.
Sie geht ihren eigenen, von Gott geleiteten Weg.
Achtet nicht auf andere Meinungen.
Ich möchte eine Wolke sein, ich selbst sein.
Gegen den Strom schwimmen.
Ich möchte eine Wolke sein,
anders als die anderen.
Nur das tun, was Gott will.
Nicht nach dem Willen der Menschen leben.
Ich möchte so gern einfach frei sein – von allem.

Frei, wie eine Wolke.
Mirjam, 14

ANHANG

Anerkannte Stellen für »Andere Dienste im Ausland« in Israel:

Evangelisch-Methodistische
Kirche in der Freien und
Hansestadt Hamburg
Eilbeker Weg 86
22089 Hamburg
Fon: (0 40) 20 14 16-17

Ev.-Jerusalem-Stiftung
c/o EKD-Kirchenamt
Herrenhäuser Straße 12
30419 Hannover
Fon: (05 11) 27 96-0
Fax: (05 51) 27 96-717

Evangelisch-Freikirchliches
Sozialwerk Hannover e.V.
Dienste in Israel
Kirchenröder Straße 46
30559 Hannover
Fon: (05 51) 9 54 98 63
Fax: (05 51) 9 54 98 66

Deutsch-Israelischer Verein für
Rehabilitation e.V.
Grüninger Weg 26
35415 Pohlheim
Fon: (0 64 04) 8 04-40
Fax: (0 64 04) 8 04-44

Ev. Kirche im Rheinland
Rochusstraße 44
40479 Düsseldorf

Deutsche Behinderten-Not-Hilfe
e. V.
Pirolweg 7
47638 Straelen
Fon: (0 28 34) 9 80 33

»Neve Hanna« Kinderhilfe e.V.
Hamburg
c/o Reinhard & Dorothea Winder
Zur Walbeke 47
48167 Münster

Deutscher Verein vom Heiligen
Land
Steinfelder Gasse 17
50670 Köln

KFAR RAFAEL – Verein zur
Förderung einer Dorf-
gemeinschaft für Behinderte in
Israel e.V.
Witterschlicker Allee 11
53125 Bonn

Christliche Fachkräfte
International e.V.
Wächterstraße 3
70182 Stuttgart
Fon: (07 11) 2 10 66-0
Fax: (07 11) 2 10 66-33

Verein zur Förderung
heilpädagogischer Heime in
Israel e.V.
Postfach 71
73548 Waldstetten
Fax: (0 71 71) 4 22 09

Tor zum Leben (Lifegate)
Rehabilitation e.V.
Handgasse 1
97070 Würzburg

Zedakah e. V.
Talstraße 100
75378 Bad Liebenzell
(Maisenbach)
Fon: (07084) 64 55
Fax: (07084) 52 21

QUELLEN-NACHWEIS

Quellennachweis

S. 10	mit freundlicher Genehmigung aus: TeensMag 1/99, Bundes-Verlag, Witten
S. 11	Illustrationen: Walther Guttenberger
S. 19	mit freundlicher Genehmigung aus: TeensMag 4/98, Bundes-Verlag, Witten
S. 42-47	Illustrationen: Jenny Jones
S. 48	mit freundlicher Genehmigung aus: Teensmag 1/99, Bundes-Verlag, Witten
S. 61	aus: Die schönsten Gedichte von Hermann Hesse; Kleine Diogenes Taschenbücher 70046
S. 77	(c) für D, CH, A: Hänssler Verlag, Holzgerlingen
S. 182	mit freundlicher Genehmigung aus: TeensMag 2/99, Bundes-Verlag, Witten

hänssler

Michael W. Smith

Die Zeit ist reif

Pb., 170 S., Nr. 393.215
ISBN 3-7751-3215-5

M. W. Smith bezieht mit klaren Worten Stellung zu Themen, die jeden beschäftigen, der seine Welt für Gott verändern will: – Krisen als Meilensteine – Gebet als Lebensstil – Tiefer in die Bibel einsteigen - u.a. Ein Buch, das Mut macht, sich auf die größte aller Herausforderungen einzulassen: konsequent für Gott zu leben!

Michael W. Smith

Ich dreh' ab

Topics für Teens
Pb., 140 S.
Nr. 393.214
ISBN 3-9286-0105-9

Keith Green

Ein Ruf in der Wüste

Pb., 190 S.
Nr. 393.213
ISBN 3-7751-3213-9

Melody Green & David Hazard

Kompromißlos

Pb., 350 S.
Nr. 393.212
ISBN 3-7751-3212-0

Bitte fragen Sie in Ihrer Buchhandlung nach diesen Büchern!
Oder schreiben Sie an den Hänssler Verlag, D-71087 Holzgerlingen.